湘潭

传统码头文化的地域性表达

刘岚 著

九州出版社
JIUZHOUPRESS

图书在版编目（CIP）数据

湘潭传统码头文化的地域性表达 / 刘岚著. -- 北京：九州出版社，2021.7

ISBN 978-7-5225-0382-0

Ⅰ．①湘… Ⅱ．①刘… Ⅲ．①码头－文化研究－湘潭 Ⅳ．①F552.9

中国版本图书馆CIP数据核字(2021)第161754号

湘潭传统码头文化的地域性表达

作　者	刘　岚 著
责任编辑	李　荣
出版发行	九州出版社
地　址	北京市西城区阜外大街甲 35 号（100037）
发行电话	(010)68992190/3/5/6
网　址	www.jiuzhoupress.com
印　刷	北京旺都印务有限公司
开　本	710 毫米 ×1000 毫米　　16 开
印　张	8.5
字　数	145 千字
版　次	2021 年 8 月第 1 版
印　次	2021 年 8 月第 1 次印刷
书　号	ISBN 978-7-5225-0382-0
定　价	78.00 元

前言

一

　　城市文化保存着城市记忆，记录着城市历史变迁的沧桑岁月。事实证明，城市传统地域文化与当代的城市生活能建立起千丝万缕的联系。码头文化是码头功能空间在城市发展进程中不断扩展的必然产物，它涵盖了以经济活动为核心的社会活动及形态，在城市发展的历史长河中扮演着重要的角色。因此保护城市的记忆、保护历史的延续性和保留文明发展的脉络，是现代城市建设的迫切需要。

　　湘潭作为在特殊交通地理环境上发展起来的城市，有着因水运交通便利和优越的军事地理条件，1500多年历史沉淀下来的以码头、街、巷、坊、里为一体的完整城市结构，正随着当今房地产业的快速兴起而渐次解体，这不仅对湘潭城市的历史文化环境造成较大的破坏，还给整个城市建设带来诸多问题。如何在城市急速发展过程中加速对湘潭传统城市空间的保护，已经成为一个迫在眉睫的课题。

　　本书首先从城市历史与社会经济的角度对湘潭码头的历史变迁脉络进行梳理，探索城市发展过程中历史文脉的延续性，阐释湘潭的自然环境、商贸经济、人文环境、民俗民风等方面因素对湘潭城市码头文化地域性特征形成的影响。其次，从湘潭传统城市空间格局地域性表达解读的角度，总结出反映传统空间环境特征的构成要素为码头节"点"、街巷骨"线"、空间肌理"面"及建筑形

"体"等四个方面，提出城市建设应从城市空间环境资源保护和利用的层面，对作为地域特色展现和城市生活品质提升的主要载体：传统码头、街、巷、坊、里隐含的重大价值进行科学的审视、认识和重视。最后，对湘潭城市建设的地域性表达与码头文化保护进行深入的对策分析，提出城市建设应构建与社会发展需求相适应的当代湘潭文化码头体系，引导传统码头文化的现代功能转型。从湘潭城市建设的地域性保护及历史街巷空间生命再生的理念出发，全面考虑传统文化遗产融入活跃多样的当代社会文化生活中，从而造就融城市建设与历史文化相协调的、符合人性与可持续发展需求的城市环境。

目　录

第1章

绪 论

1.1   研究目的

随着我国国力的强盛、经济的腾飞，许多城市迎来了前所未有的发展机遇和动力。城市经济的快速发展与城市化进程的加快，是当代中国城市最为鲜明的特征。城市发展所带来的问题也越来越受到社会各界的重视，由此引发城市建设如何达到科学、和谐、健康发展的问题，是摆在每一位建设者面前值得思考探索的重要课题，特别是在城市发展进程中，城市历史脉络的传承与延续一直是众所瞩目的世界性问题。曾有人这样比喻：当今城市的发展就如一棵参天大树枝繁叶茂，城市历史文脉犹如根基一样为它提供丰富的营养，使它健康积极地成长。这也从侧面反映出城市的历史与传统脉络对城市发展产生的积极影响。本课题的研究通过对湘潭城市发展的历史脉络寻根探源，从相对较新的领域和视角，在城市建设与发展进程中研究，力图探寻针对历史保护和文脉传承存在着片断式和局部化趋向问题的解决方法。

历史传统的保护与文脉传承是促进城市稳定、健康、和谐发展的一个积极因素。虽然城市发展程度和目标在不同国家和地区之间存在地域性差异，但很多依水而建的城市其形成与发展有着相似的演变过程，都是由傍依江、河、湖、海等地理特征所衍生出的码头及码头文化共同作用的结果。码头——曾在历史长河中承载历朝历代经济命脉，影响古代城市格局的变迁，使城市在不同时期形成独特的文化氛围。作为城市经济兴衰荣辱的见证者，它既古老又年轻，虽然留有深刻历史印记却在人们的记忆里被逐渐淡忘，但人们淡忘的不止是码头这一环境形式，更深层次的是记忆中仅有城市历史渊源的片段残存。本文通过对湘潭城市码头及码头文化的地域性进行系统深入的研究，以小见大有助于理顺城市发展的演变脉络，为设计者（建筑师、规划师、景观设计师等）、管理者（城市行政、建设管理部门）和建设方（投资者）及其他相关人员在城市建设、历史保护方面提供充实的思考内容，为人们较全面地理解和认识城市的形成、演变与发展，正确解决和处理城市建设进程与历史保护工作之间的复杂矛盾问题，把握经济、政治、文化、历史等领域与城市发展的关系，从历史的角度合理构筑城市发展进程的框架，保护地域风貌，保存历史记忆，为在湘潭城市建设进程中拓展历史文化名城保护的发展空间提供较重要的理论依据和实证价值。

1.2　研究意义

自从有了水运就有了码头，千年的历史变迁——湘江依旧，不同的是江岸上的码头。自宋代移县治至潭城城正街至今，湘潭老城各色码头成为不同历史时期的文化缩影，传统的"三街六巷九码头"自古就是古潭城中心的交通要道，记载着城市的发展变化历程，反映着不同时期社会文化的发展水平及相应的价值观念，其深厚的历史沉淀不但存留于城市空间，也汇聚于市民生活场景。历史积聚而成的市井文化与建筑、街道等共同形成城市独特的地域性风格，从而使古码头成为众多民俗文化活动的发生与传播中心，集中展现一个城市社会的风俗习惯及地方文化个性，并以其自身活力传播着社会文化。这也正说明了为什么众多历史文化名城均对与码头有着千丝万缕联系的历史商贸街区进行保护与建设，使其作为名城保护与建设的重要内容而加以精心规划。

作为承载城市历史发展脉络的物质与精神文化载体，古码头有着较好的城市空间区位，传统码头及其所形成的历史街区曾是湘潭古城的商业中心，随着社会经济的发展和城市中心的转移，其综合商业地位逐渐下降。但在时间长河里积淀下来的传统老字号、文物建筑和历史街区，因其传统商业及历史文化的综合效应所具有的特殊价值，构成了集历史行政中心、文化教育、宗教信仰、商业街区、民居民宅等多形式并存的、丰富的城市空间形态。这种多功能综合布局密切了各社会阶层间的联系，促进了社会经济文化的交流，对城市的地域性文化形成与发展有着较大的影响力，探索发掘其潜在的价值，是城市码头文化适应现代生活发展的重要途径。传统码头及因其所形成的城市空间结构具有适合社会交往的特点，为丰富多彩的城市生活提供了适宜的场所和环境：丰富的街巷、便利的交通，加上综合可持续性的开发，无疑给城市居民的文化休闲活动提供了便利条件。从精神需求因素来看，虽然半个多世纪以来的中国政治、经济、历史、宗教、法律制度等表层结构发生了巨大变化，但人们对传统文化及其物质环境的情感和审美等均未改变，对文化的认同和共同价值观念的根深蒂固，使发掘城市历史文化遗存成为社会所公认的情感依托，使它在人们心理上产生了对历史情感的共鸣。

城市码头丰富的历史沉淀是城市的宝贵文化资源，它为人们了解城市历史、参与城市建设提供了良好参照。通过对湘潭码头历史变迁与城市地位关系的回顾、对城市码头发展影响因素的分析，以及对其社会价值、功能转变和城市景观研究的基础上，对码头文化与城市空间的脉络关系进行了实例论证，总结出了城市码头是从古代城市交通网络节点逐步延伸为现代城市地域性文化空间的结论。从文化、商业、情感等角度探讨城市空间历史延续的发展方向，具有重要的历史意义和现实意义。研究是将湘潭城市码头文化置于城市的大背景中，将其视为构成城市总体结构的重要组成单元，不仅探讨了城市码头个体的发展演变，也为因其产生的外部环境——整个湘潭旧城的发展提供了研究佐证，对相关应用理论做出了补充与修正，以期对探求湘潭城市建设与历史传承的关系方面有所补益和指导，为城市码头文化的地域性保护在现代城市建设中遇到的矛盾和问题提供一定的解决思路，为以后的实践提供参考。

1.3 国内外研究现状

1.3.1 国外历史商贸码头及港口再生保护启示

历史城区或街区的保护是历史文化遗产保护体系的一个重要组成部分，多年来一直广受世界关注，欧洲各国对城市旧区的保护大都经历了三个阶段，即从单纯的文物建筑保护扩大到包括文物建筑周围的环境保护，再扩大到历史地段和历史性城市保护。在逐步发展过程中，人们逐渐认识到城市历史街区的保护与更新是一项涉及建筑、规划、经济、社会、文化和景观等诸多方面的综合性计划，其目标是使整个历史街区的环境、社会、经济及人文等得以全面的保存、改善和复兴。20世纪70—80年代间，美国受古旧建筑的"恰当的利用"理念影响较大，通过严格的登记制度，按时间分类和历史性建筑划分各种体系以加强传统建筑的保护，限制任意拆除行为，使旧建筑再利用的价值得到认同。欧美国家经历了工业化初期的大规模城市更新改造运动及其带来的负面影响后，国外设计者从被动地解决交通矛盾及旧城商业萧条问题逐渐转向主动创造以"人"为本的旧城改造，传统旧城商业街区更新转向小规模、渐进式的更新方式。城市设计从单纯的物质环境改造转向社会、经济发展规划与物质环境规划相结合的综合改造，强调更新的可持续性，使历史街区那些被忽略的和默默无闻的建筑旧貌换新颜，受到观光者的青睐。旧城中心区和传统商贸街区的活力得以复兴，在提升城市艺术魅力、振兴传统历史商贸街区、传承城市性格等方面有很多经验值得我们学习和借鉴。

　　德国由于其历史传统和人文素质的良好传承，注重生态建设和环境保护的意识已内化为国民的自觉行动，甚至成为国家主政党的重要执政理念。从20世纪80年代后期，德国开始了支柱产业由制造业向服务业的加速转变，产业转型带动了城市功能转型。杜塞尔多夫内河港就是通过功能转变与结构调整，由一个封闭衰败的老工业港口转变为一个具有优美自然生态景观、巨大经济潜力和高品质生活环境的充满活力的新城市中心，成为老工业港口结构转型的成功典范，在2010年上海世博会上作为城市最佳实践案例展示的德国杜塞尔多夫馆吸引了上百万的参观者。北威州杜塞尔多夫市内河港（图1.1）始建于1890年，拥有得天独厚的地理位置使其成为德国第三大内陆港，是城市传统商业、交通与生产的重要物流节点。由于从制造业到服务业的转型、陆路运输的日益发展、

图1.1　德国杜塞尔多夫市内河港改造前

（作者翻拍于上海世博会的杜塞尔多夫馆）

运输及仓储业结构变化等因素的影响，河港经济效益日益减少，港口的重要性日益降低，沿岸码头渐渐失去了作用。1974年杜塞尔夫市议会决定对老河港进行改造，将这个区域建成吸引媒体及附属行业，并配备小型事务所、文化设施、餐饮、工艺作坊、画室等设施的办公基地（图1.2、图1.3）。老港口的传统空间格局继续保留，历史老建筑得到修缮（图1.4），改建后的老河港依然散发出河港特有的氛围：整个贸易老港——堤岸、码头阶梯和自1896年保留至今的锻铁栏杆、码头货运铁轨和吊车，都被列为文物保护对象。同时大量现代建筑设计大师的艺术作品也云集于媒体港，其中有法兰克·盖里为旧城改造设计的新海关大楼：跳舞的房子（图1.5），每年有大量游客慕名前来参观，这里不仅成为优秀建筑与时尚的展示平台和未来型企业的办公基地，更重要的是最大化地利用了原有港口空间及老建筑，成为市民、游客休闲旅游会友的理想场地。

图1.2　莱茵河畔的杜塞尔多夫

（http://blog.sina.com.cn/s/blog_4c6b4ffa0102e2c1.html）

图1.3　莱茵河岸

（http://blog.sina.com.cn/s/blog_4c6b4ffa0102e2c1.html）

图1.4　杜塞尔多夫标志建筑——公爵城堡的宫塔

（http://blog.sina.com.cn/s/blog_4c6b4ffa0102e2c1.html）

图1.5　弗兰克·盖里设计的新海关大楼

（http://blog.sina.com.cn/s/blog_4c6b4ffa0102e2c1.html）

1.3.2　国内传统商贸街区保护与更新的案例启示

我国是拥有历史文化名城最多的国家，不同地域的历史城市积淀了淳厚的文化底蕴，遗存有丰富而独特的历史街区、文物建筑和传统民居。面对城市化发展的突飞猛进，我国城市建设在快速经济发展与传统文化保护的博弈中，城市"千城一面"的"特色危机"日显突出，"旧城改造"导致城市文化遗产和历史环境遭到"建设性破坏"，如北京老城的历史建筑在"以旧城为中心发展"[1]下损毁过半，旧城传统城市面貌正在持续恶化；西安古城采用"新旧混合"的发展模式使传统城市空间受到新建建筑的冲击，地域风貌遭到破坏。

我国在1982年颁布了《文物保护法》，提出历史文化名城的保护。1988年底由国家建设部和文化部联合发出《关于重点调查保护近代建筑物的通知》，提出保护近代建筑，并在中国近代建筑史研究与保护第六次研讨会中涉及近代建筑及重要历史地段的保护与利用。2000年第七次研讨会以"历史地段的保护与再利用"作为研讨会的主题，在学术研究与社会实践的结合上又有突破性进展。2002年修订的《文物保护法》将历史文化街区、历史文化村镇的保护纳入法律内容，标志着我国单体文物、历史地段、历史文化名城的多层次保护体系形成。苏州、山西平遥率先启动"保护古城、另建新城"[1]的发展模式，使新区得到有序发展，老城区得到良性提质，传统街区及民居、文物建筑、旧城空间风貌得到保护和可持续应用与发展。2012年建筑界的普利兹克奖得主王澍主持设计改造的杭州南宋御街就是较为成功的案例。

图1.6　南宋御街街景一　　　　　　　　图1.7　南宋御街街景二

（http://www.mafengwo.cn/i/859926.html）　　　（http://www.mafengwo.cn/i/859926.html）

　　杭州南宋御街是南宋时期皇帝每三年一次的祭天活动必经御道，作为"活着的建筑历史博物馆"，保存了较为完整"厢坊制"空间格局的传统街巷近二十余段（图1.10）。以清末民国建筑为主的各色宗教建筑、名人故居及百年老店等文物保护建筑和重点历史建筑等大量50年以上的特色民居建筑得以完整保存（图1.6至图1.9）。以"恢复城市记忆，展示御街风采"为宗旨的杭州市中山路综合保护与有机更新工程的全面启动，将千年历史的南宋御街打造为杭州城"老字号"集聚地，以多种现代设计手法将御街划分为历史杭州民俗文化复兴区、近代杭州生活展示区（图1.11）、现代杭州时尚生活体验区以及未来杭州创意文化创业生活引领区，使其成为既传统又时尚、既东方又国际的文化创意产业特色街，市民游客在休闲活动中追忆昔日南宋御街繁华景象，感受当下杭城生活品质。

图1.8　南宋御街街景三

（http://www.douban.com/note/210577790）

图1.9　御街博物馆

（http://www.douban.com/note/210577790）

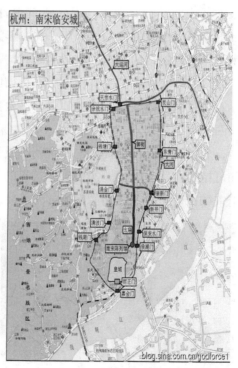

图1.10　杭州南宋御街区位图

（http://www.mafengwo.cn/i/859926.html）

1.4 课题研究相关概念

1.4.1 码头文化

"码头"在辞典中有两层含义：一为海边、江边专供船只停靠、乘客上下、货物装卸的建筑物；二为水陆交通发达的商业城市。一个城市或一个码头的产生有诸多必然或偶然的因素，因为军事、政治及经济的原因，在江河交汇、水陆衔接、交通方便以及利于避风、泊宿、装卸货物的地方，逐渐形成船舶聚泊的处所，这就是古时的码头。由码头进而发展成为村镇或城市，这是大多数因水而诞生的城市发展轨迹。码头虽然产生于生存能力和社会生产力极低的原始社会时期，随着社会的发展演变，它已不仅是传统码头的功能含义，还是诸如经济、宗教、民族、风俗等综合功能的体现。从城市空间形态上看，码头不仅指简单的特定建筑形态，还包括与码头经济活动相关的外部环境，即道路、堆放场地、过渡空间、建筑与建筑间的空隙等。更因原始码头场所的行为及相关活动，延伸到一定范围的外部空间和环境中一起构成了城市范围的码头空间领域。在湘潭城市的变迁过程中，码头的这两层含义随着历朝历代政治经济的风云变幻而交替出现，从单一驳船功能过渡到多元文化碰撞的多功能场所，从而确立了湘潭古城在不同历史时期的经济和战略地位，拓展了古城与外面世界的沟通能力，形成自己独特的城市文化。湘潭"城总市铺相连几十里，其最稠者则在十总以上。甲乙之货云屯雾集，为湖南第一码头"。因此在一定历史时期人们的观念里，湘潭首先是一个码头，然后才是一个城市，这是因为古潭城深厚的商贸码头功能及其文化深植于人们心中。

本课题研究的码头文化是一个广义的概念，它是码头空间和功能在城市发展进程中不断扩展的必然产物。它涵盖了以经济活动为核心的社会活动及形态，包括物质形态文化、非物质形态文化两个层面。城市码头文化的发展是从人类最初生存活动的原始阶段开始的，生活的丰富及部族聚落的形成和发展带来了文化活动的萌芽和功能的复杂化，同时从生活劳作及日常经济活动中派生出其他活动空间，形成了相应的城市空间结构和建筑类型，经过多次的社会化分工，产生出许多新的设施和特殊空间，以满足人们经济活动之余的功能与精神上的需求，形成多层次、多样化、多元化的城市文化现象。

1.4.2 论文研究范围的界定

湘潭历史悠久，秦以前属荆、楚之地，西汉时属湘南县管辖。东汉末年便开始有人在此依江建屋。宋代，湘潭县治移至今湘潭市区城正街，街市迅速兴起。明清时期湘潭城区商业发达，成为"湖外壮县"，有"小南京""金湘潭"的美称。湘潭古代城区因湘江流经，拥有避风、港深、水足的地理优势，便于停泊商船，造就湘潭"十里樯桅市立"的壮观场面。到了明末，城区沿江10余里修建了水运码头10余处，城区商业街规模进一步扩大，清末时湘潭已有货物装卸码头53座。虽然近代工业兴起直至现代交通运输业的更替，传统水运业日益衰落，传统码头及因其传统码头文化影响下形成的"三街六巷九码头"古城空间格局至今留存基本完整，为本课题提供较清晰的历史脉络，具有深远的研究价值。

因此本课题码头文化研究范围界定为：将南宋迁县治于今城正街形成的西起窑湾十九总码头至竹埠港一总止范围的湘潭古城区码头及其城市文化遗存（图1.12）作为研究对象，通过研究湘潭城市码头及与之产生的经济活动、政治事件、文化碰撞、生活方式等因素的演变，以及人和社会的各种功能需要与营造活动之间的关系，探索城市发展过程中历史文脉的延续性。

图1.12 本课题研究区域范围示意图

（湘潭市河西沿江旧城保护与更新规划）

1.5 研究的方法与手段

1.5.1 基础理论研究和典型实证研究相结合

本课题将采用基础理论研究与典型实证研究相结合的研究方法。基础理论研究主要是文献研究与理论整理，如对湘潭城市码头文化传承的方法和基础理论分析、归纳和总结；典型实证研究是有目的地进行实地考察、调研、拍照、访谈，收集并整理湘潭最具地域性特征的城市码头文化相关资料，并进行实证研究。

1.5.2 综合研究和重点研究相结合

本课题采取综合研究和重点研究的方法进行深入剖析。综合研究是以湘潭码头及码头文化的研究为主线，综合研究湘潭城市发展的历史脉络，强调历史名城保护更新的时空和文化延续性。以前的研究从形态角度研究城市历史保护更新的理论很多，而从城市产生的源头及与之相关的码头文化入手进行分析、研究的理论较少。对此，本课题从湘潭城市码头及码头文化的变迁折射出城市历史发展的轨迹，引导出在历史保护更新过程中应把握城市和谐健康发展的精髓与实质。而重点研究根据矛盾的对立统一辩证关系，抓住主要矛盾或矛盾的主要方面进行研究，为其他问题创造条件。如：对码头文化所涉及的经济、文化、空间结构、建筑艺术等方面进行重点探讨，为湘潭城市建设的历史文脉保护提供重要理论依据。

1.6　研究内容和框架

　　论文研究的内容主要有：（1）探寻湘潭城市码头的溯源与变迁，分析湘潭码头变迁的影响因素；（2）总结并分析湘潭城市码头文化的地域性表达；（3）剖析码头文化地域性表达影响下的湘潭城市建设现状与问题；（4）探究湘潭城市码头文化的现代转型，提出湘潭城市建设历史文脉保护的措施。

　　论文研究框架如图1.13。

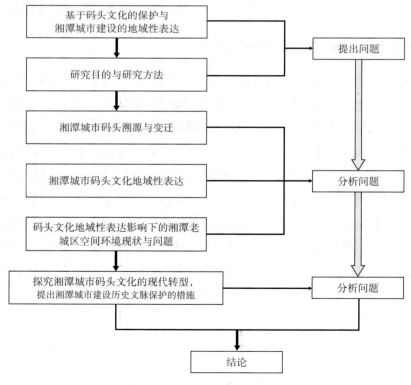

图1.13　研究框架图

第2章

湘潭古城码头溯源与变迁

2.1　湘潭古城码头溯源

不同国家和地区以及不同的相对独立的地理区域单元内，由于地理环境的差异、民族的不同以及历史发展道路的不同，使得城市的起源、形成和发展也有所不同。西北农林科技大学农业历史研究所罗丽教授在《中国古代城市起源动力及类型》一文中归纳了中国古代城市起源的四大类型：第一类：由中央及地方政权所在地推进城市的形成与发展。如：秦咸阳城、唐长安城、明清北京城等。第二类：由军事驻扎地发展演化而来的城市。如山东威海卫，浙江台州等地。第三类：由大规模的人口迁移引发的城镇。如南宋迁都临安。第四类：在特殊的交通地理环境上发展起来的城市。交通交汇点、交通要道沿线、重要的商品转运站及港口，都有可能促使城市的形成。如："九衢通会"的武汉、重庆等。然而城市的形成与发展并非严格地按照这种清晰的分类进行的，而是在侧重某一方面的同时其他类型也起着推波助澜的作用。湘潭古城位于湘江上下游交汇地，处于南北水运的要冲，是依托湘江这一特殊的自然地理环境发展起来的。综观湘潭历史发展过程，由于古代湘潭经济重心的转换更替，使它从简单的聚居生活场所向具有成熟经济沟通能力的繁华商贸都市转变，湘潭码头有着相应的变迁轨迹，因此以湘潭社会经济发展成熟度作为参照，将湘潭历史发展进程及水运码头变迁分如下四个方面进行论述。

2.1.1　湘江水运商路开辟为湘潭古城码头的形成创造条件

距今约5000年代表屈家岭文化的湘乡市岱子坪遗址和距今约4500年属于长江中下游龙山文化类型的湘潭县白竹弯、杨家岭、青洲坪，湘乡市团鱼山、状元洲等遗址的发掘，粗略地描绘出湘潭原始先民依傍山野丘林和湘江、涟、涓谷地，进行采集渔猎（图2.1、图2.2）、茹毛饮血的生活场景。在这漫长而缓慢的历史演化过程中，原始简单的渔猎采集生产活动，决定了包括码头在内的各种生活构

筑物，只停留在基本的生活功能需求（如庇护、围护，满足一定的安全要求），
"居无定所，穴居野处"生活状态，使作为接运渔猎、渡人转物之用的码头围绕
湘江、涟水、涓水流域岸边而置，没有固定的场所，随生活迁居、劳作状态而改
变，构筑材料就地取材，简单原始，满足在较短时间内使用的牢固性。

图2.1 古代渔猎生活图

（http://www.yiyuanyi.org/gxrm/ sxwqn/200904'20_5€25_2.html ）

图2.2 古代渔猎用的舟船

（http://www.yiyuanyi.org/ gxrm/ sxwqn/200904/20_5625_2.html ）

春秋战国直至秦汉时期，湘潭地区成为重要产粮基地和军事重要据点。湘
江水运码头除了满足人类经济商业活动需求，更因政治军事扩张、军需运输与防
御功能而日显重要，特别是用于商贸军输的码头为满足大型运输船队的停靠和装
卸货物，其选址、规模、材料结构工艺较民间小码头更加强调安全性、耐久性，
同时配有相应管理检查机构，其功能日趋复杂。特别是秦始皇统一中国后，为扩
充疆土攻打南越而开凿灵渠，使军需运输经湘潭、过灵渠、顺漓江而下直达南方
重镇番禺，形成联接中原与两广间的重要纽带，具有极重要的战略意义和商业价
值。同时，湘潭主要物产稻米、棉麻、橘、竹木等依水路出洞庭、入长江、北达
三吴闽中，向南经灵渠入两广。湘乡、石潭、花石等各港埠的开辟为各类物资输
送提供相应配套完备的码头设施，从选址、船舶停泊场地、物流集散场地、仓
储、安检、交易、邮驿、食宿等功能空间相继就近设立，反映出当时湘潭交通、
军事、经济社会的发展水平和重要地位。

2.1.2 "小南京""金湘潭"的繁盛，奠定了湘潭古城码头的格局

隋唐时期，湘潭地区因处于隋唐为沟通长安与岭南广州而开设的西线（由
岭南—衡岳—湘潭—长沙—岳阳—襄阳—洛阳）商道上，湘南物产沿水路驿站汇
集湘潭。唐天宝八年（749年）设易俗河的洛口场为县治（图2.3），相比于处于

湘潭的湘江段下游的长沙港滩浅水急而航槽不稳定，洛口有着得天独厚的地理优势，水深流缓利于泊船，因此来自中原、江淮、巴蜀的商船由长沙港改泊洛口，将商资分装运至湘南、交广，岭南货物也云集湘潭后再北行，洛口中转贸易十分发达。唐代的湘潭已是米、盐、茶、药的四大销场，经济地位日益提升。唐代诗人许浑在《送客南归有怀》中就有"绿水暖青萍，湘潭万里春。瓦樽迎海客，铜鼓赛江神"的诗句描写湘潭汇聚四海客商的热闹场景。诗人杜甫乘船途经湘潭往衡州，留有"乱离难自救，终是老湘潭"的诗句。唐代书法家褚遂良被贬为潭州都督，在湘潭登陶公山游石塔寺时奋笔题写"大唐兴寺"，并刻石额（图2.4）以隐示匡扶大唐之意，石塔寺由此更名为唐兴寺。

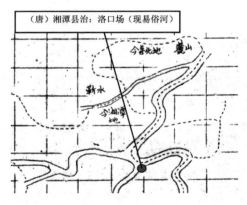

图2.3　唐湘潭县疆域图

图片来源：《光绪刊湘潭县志》，作者自绘县治标注

图2.4　唐·褚遂良书写"大唐兴寺"碑

图2.5　北宋荆湖南路行政区图

（http://bbs.rednet.cn/ thread-17093847-1-1.html）

　　宋代，湘潭隶属荆湖南路的潭州（图2.5），县城从易俗河的洛口迁移至今日湘潭市城正街（图2.6）。随着南宋国都南移建安，中原移民大量南迁，唐代封闭的里坊市制渐进瓦解，商品经济得到迅猛发展（图2.7），使包括湘潭在内的荆湖经济区作为朝廷的重要粮仓和财赋供应地日益受到重视，成为南北商贸往来、漕运辗转的枢纽，市镇沿水运交通线崛起，浙、广、闽一带商人涌入湘潭，从事粮食、茶叶贩运，公槽私旅、南船北樯呈现一片繁忙景象，大文学家欧阳修《湘潭县修药师院佛殿记》记录了北宋湘潭商人李迁之以商船航行于长江下游真州（今江苏仪征）一带，"贾江湖""岁一贾其入数千万"，可见两宋时期湘潭已有一个庞大的商人队伍，都市生活已达到相当高的水平。

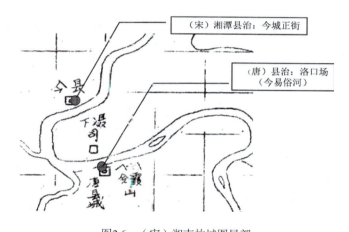

图2.6　（宋）湘南故城图局部

（《光绪刊湘潭县志》第三册，作者自绘县治标注）

图2.7　（宋）张择端《清明上河图》

〔http://image.baidu.com/ 〕

明代时期的湖南粮食外销量远远超过魏晋南北朝以及唐宋时期，江浙、安徽、两广对湖南粮食尤为倚重，湘潭经济发展由此进入繁盛时期，湘潭农业物产桑、棉、麻、茶、蓝靛产量居湖外各县之冠，以稻米、药材、蓝靛贸易最为发达，四海商客"携万金、千金、百十金争相采购"。湘潭县城沙湾谷米市场成为湖湘谷米转输和外销中心，自杨梅洲至宋家桥，延绵十余里，码头十余处，从一总至十九总的工商户聚居区域有了明确的经营划分。明洪武初修复县城，嘉靖年间建熙春、观湘、拱极、瞻岳四城门，城内划分为三街、九巷、二十六坊（图2.8），三街为河街、宣化街、大街，自锦湾至燕子桥为河街，河街自锦湾而下至学宫近十余里水运码头及商业长街已形成，其基本格局一直延续至今。明周圣楷《题万楼》诗有："野烟窈窕村中树，帆影参差槛外舟"之句，湘潭城区"千里帆樯依市立，万家灯火彻夜明"[3]，是湘潭繁富的最好体现，成为湖南商贸中心和江南重要的商埠取代长沙，富甲三湘，享有"小南京"之美誉。

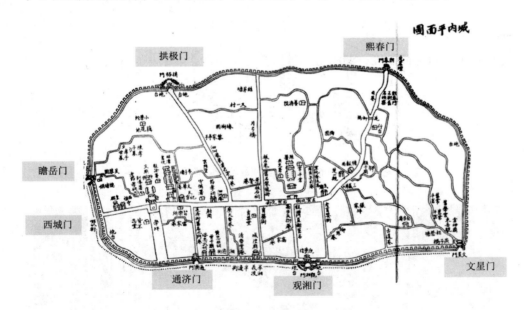

图2.8　清代湘潭古城城内平面图

（《光绪刊湘潭县志》第三册）

明末清初的战乱使湘潭经济遭受重创，直至清朝政府实行嘉惠商民、厉行海禁、开广州一口通商等政策，形成广州至湘潭间的商贸交通网络，湘潭再次成为内陆进入广州的商道必经枢纽。康乾盛世的湘潭万商云集，来自江西、江苏、浙江、广东、福建、北五省（山西、陕西、山东、河南、甘肃）及本省商人为规范行业商贸事务，均结帮集资兴建会馆，其中江西的万寿宫、广东的岭南馆、北五省的关圣殿最为壮观。万商云集带来湘潭古城市总的繁华：自大埠桥至万家巷为九总，往西依次为十至十九总，其中十四总至十七总为富商大贾聚集之地，各商帮、行栈的通商码头在此集中。嘉庆年间沿江码头已由明末的10余处增至37处，行、栈、庄、店多达5400余家。"（总市）人肩摩，夫担争，行者不遑趾，居者不暇餐……言贸易者，码头、口岸、装口，举无与比。"湘潭不仅是省际苏广杂货、茶叶、竹木、槟榔、鱼苗的中心市场，也是全国性的米市、药都。湘潭转口贸易市场交易旺盛，民富物丰，被誉为"金湘潭"。

2.1.3 传统商路的衰落，近代蒸汽动力轮渡码头的兴起

传统经济网络沿水路铺开，经济繁荣的中心均处于水运繁华焦点，湘潭正是处于湘江上下游商贸水运的枢纽。传统运载方式造就了湘潭"木帆船时代"的辉煌。1842年的鸦片战争迫使中国五口开埠后，商贸中心的北移打破了沿袭百年之久的广州一口通商制度，湘潭至广州间的传统商路逐渐衰落，经济市场萎缩。随着近代轮运的兴起，轮船的吨位、航速以及安全性都是中国传统的木帆船所无法比拟的。1897年湘潭成立了官督商办的"鄂湘善后轮船局"，在十二总设"招商码头"，内河航运往来于省境内或湘潭与汉口之间。1901年外国列强相继在城区设置轮船公司办事处及码头：英商太古、怡和轮船公司在湘潭十二总建怡和、太古码头；日本湖南汽船会社和日本邮船会社（后并为日清汽船会社）在湘潭十三总建码头，开辟汉口至湘潭航线。湘潭航运基本被日、英垄断。

20世纪20年代湘潭陆续进行大规模陆路交通建设。历时五年修建的潭宝公路（图2.9）为城市间交通提供便利，途经湘潭的汽车必经码头乘轮渡过湘江，作为潭宝公路与长潭公路连接点的窑湾汽车轮渡码头（俗称老汽车站）（图2.10），至今仍伫立在湘潭市雨湖区窑湾石嘴垴，成为当时历史的见证。1936年连接湘黔铁路线从五里堆至小东门建有火车轮渡码头（每次两车厢过河），后因战乱被拆直至湘江铁桥架通。为改善城区条件和设施，对城区街道进行了一次大规模修整与更名：改原宣化街为民治街，大埠桥至十一总为平政路，十二总至十四总为三民路，十五总至十八总为中山路，上十八总至十九总为建国路，大码头更名为中山码头。

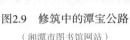

图2.9 修筑中的潭宝公路
（湘潭市图书馆网站）

图2.10 窑湾汽车轮渡码头
（http://tieba.baidu.com/f?kz=76255861）

2.1.4 湘潭现代城市机械化码头更替与发展

新中国成立前，湘潭物资进出主要依靠湘江水路运输。新中国成立后随着陆路交通的兴起，于湘潭市1953年成立第一个公共交通客运企业——湘潭市轮渡公司，城区有杨梅洲、大码头、十三总码头、观湘门、小东门5个渡口（图2.11），湘江往来客运采用汽车轮渡连接，交通极为不便。1961年湘潭一大桥通车后，往返于湘潭与长沙、衡阳、广州、昆明、邵阳等的汽车不再需要轮渡，水运客运业逐渐衰落。1979年第四次修订总体规划时对湘潭港做规划和调整，逐步将52家货运码头合并以提高机械化运输能力，其中：保留十五总客运码头和八总小东门码头；十四总码头和十六总合并为百杂货运码头；在金凤庙建竹木和砂石码头；在大埠桥建竹木码头；在通济门建砂石和建材码头；向家塘为大型木材集材场；下摄司为砂石码头；铁牛埠为湘钢专用码头；老五里堆为湘纺专用码头；竹埠港为化工专用码头；易家湾为易燃易爆有毒物品专用码头。

为了促进湘潭经济建设，振兴湘江航运，整治湘江河岸，保证城市滨江的优美景观和码头的正常运转，合理分配江岸沿线，规划港口码头，1985年第五次修订总体规划时对城区航运做了进一步调整：通济门保留砂石码头并控制发展；小东门为砂石码头；轮渡码头有下摄司、十八总、小东门、杨梅洲、竹埠港、易家湾、向家塘等八处，对未列入规划的港口码头则限制发展并逐步合并搬迁。由此，湘潭老城区码头由原来的52处兼并重组至7处（图2.12），主要以客运及砂石建材货运为主。

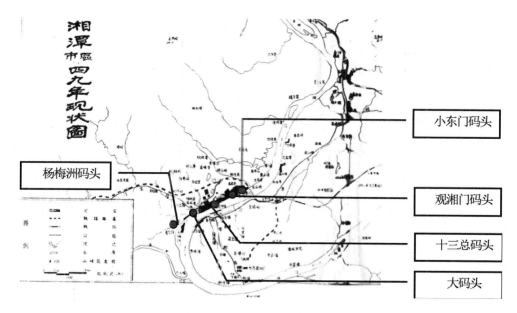

图2.11　湘潭城区1949年现状图

（《湘潭市志》第五卷城市规划篇，作者加绘码头标注）

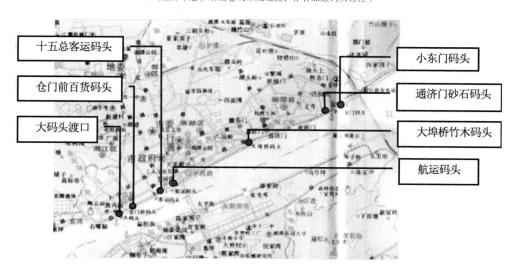

图2.12　1981年湘潭市区图

（《湖南省湘潭市地名录》，作者自绘码头标注）

表2.1　湘潭老城区码头变迁表

"总"名称 年代	明	清乾隆 37	清（光绪）53	民国至新中国成立前	新中国成立至1981年
一至七总	修复县城，建城门，官绅居城内。		小东门、观湘门、捞尸码头	小东门、观湘门、捞尸码头+火车轮渡码头	粪码头、小东门、观湘门码头
八总			油榨坊、通济门、小埠桥码头	油榨坊、通济门、小埠桥码头	通济门砂石建材码头
九总			南岳行宫、曾家（九如）、朱家、扶康庙、护国寺码头	南岳行宫、曾家（九如）、朱家、扶康庙、护国寺码头	
十总		烂码头	濂溪祠（永州）、盐店、万寿宫、烂码头	濂溪祠（永州）、盐店、万寿宫、烂码头	
十一总		曹家码头	曹家、新关圣殿码头	曹家、新关圣殿码头	
十二总	工商居城外"总"市码头经济商贸格局成熟。	马家、唐家码头	马家、唐家、岭南码头+（英）怡和、太古码头	马家、唐家、岭南码头+（英）怡和、太古码头	航运码头
十三总		周家码头	周家、黄龙庙码头+（日）日清码头	周家、黄龙庙码头+（日）日清码头	客运码头
十四总			水府庙、黄龙巷、江西（蒋家）码头	水府庙、黄龙巷、江西（蒋家）码头+（民营）楚利轮船公司	千吨级码头、客运码头（俗称）、黄龙巷码头
十五总			兴仁巷码头	兴仁巷码头	客运码头（俗称）
十六总		白公渡	白公渡、仓门前、茶陵、谭家、张家码头	白公渡、张家码头	仓门前码头（俗称：绸布、百杂货运码头）
十七总		新码头、方家码头	鄢家巷、新码头、盐码头、古太平巷、方家码头	新码头、古太平巷、方家码头	

续表

"总"名称年代	明	清乾隆 37	清（光绪） 53	民国至新中国成立前	新中国成立至1981年
正十八总	工商居城外"总"市码头经济商贸格局成熟。	大码头	大码头、高码头	中山码头	客运大码头、轮渡码头（俗称）
上十八总		壶山码头	源源巷、鼓楼门（临江）、筷子巷、楠华殿、唐兴寺、壶山、包爷殿码头	源源巷、鼓楼门（临江）、筷子巷、唐兴寺、壶山、石嘴垴码头+汽车轮渡码头	
正十九总			邝家、栾家、南兴、樟树巷码头	叶家、栾家、南兴、柳树巷码头	
上十九总			金凤庙、喻家、水来寺、石码头、南竹、钓子口码头	南竹、钓子口码头	

表2.2　新中国成立后湘潭城区码头分布明细表

分类	码头名称	区位	用途
客运码头	大码头渡口	正十八总	古渡口之一。往返于朝阳街口至东平横街之间
	小东门渡口	老城厢	古渡口之一。往返于小东门至五里堆之间
	窑湾渡口	窑湾	有机渡往返于窑湾至杨梅洲之间
	湘潭客运码头	老城厢	1976年兴建，两条石级通泊位。上至株洲、衡山，下抵长沙，年客运量约15万人次，同时承接货物运输
货运码头	杨梅洲码头	杨梅洲	专用斜坡式码头，岸线长300米。专供省航运局湘潭船厂修造船舶使用。
	窑湾汽车站码头	窑湾	公建专用斜坡式码头，岸线长150米。年吞吐量12万吨，专供市水运公司砂石起卸使用。
	仓门前码头	十六总	公建公用直立式码头，钢筋混凝土结构、机械化作业，岸线长150米。年吞吐量25万吨，专供河西一带起卸百货日杂、粮食使用。
	黄龙码头	十四总解放南路	公建专用直立式钢筋混凝土结构码头、机械化作业，岸线长250米。年吞吐量25万吨，专供湘航轮驳停靠起卸使用。

续表

分类	码头名称	区位	用途
货运码头	大埠桥竹木码头	老城厢西	公建专用斜坡式码头，钢筋混凝土结构，岸线200米。年吞吐量5万吨，专供河西一带起卸竹木使用。
	通济门码头	老城厢通济门	自建专用斜坡式码头，岸线250米。年吞吐量40万吨，专供市水运公司砂石起卸使用。
	建材码头	老城厢通济门	自建专用斜坡式码头，岸线80米。年吞吐量1万吨，专供市建材局起卸建材使用。
	观湘门码头	老城厢观湘门	公建公用斜坡式码头，岸线长50米。年吞吐量1万吨，专供城镇街一带起卸百杂物资使用。
	石料码头	老城厢观湘门	自建专用斜坡式片石混凝土结构码头，岸线100米。年吞吐量2万吨，专供市石料厂起卸使用。
	盐业码头	湘江南岸洋油池	自建专用石级码头，岸线80米。年吞吐量5万吨，专供湘潭地区盐业公司起卸食盐专用。

2.2　湘潭城市码头变迁及码头文化地域性形成的因素

作为一种地域文化，湘潭城市码头文化是在其历史发展与变革中创造出来的城市物质与城市精神财富的综合体，是一定历史时期政治、经济、文化等社会条件和地理气候等自然条件共同作用下的产物。湘潭城市码头兴盛于唐宋时期，特别是自宋代迁县治至城正街至今，近千年城市码头空间格局没有太大改变。商贸活跃带动整个湘潭经济在明清时期飞跃地发展，使湘潭一度成为富甲三湘的湖南商贸中心和江南商埠重镇，"金湘潭""小南京"的美誉久负盛名，形成了湖湘文化中最具典型性的地域性文化。一切文化都是社会实践的产物，地理环境对文化的影响，正是通过人类的物质生产实践这一中介得以实现的，湘潭居于湘江下游，南溯衡阳，北入洞庭，这种地域环境不但滋养出湘潭曾经繁荣的物质文化，还影响着湘潭精神文化的形成。湘潭城市码头文化有着鲜明的地域性特征，在此着重阐释湘潭的自然环境、商贸经济、人文环境、民俗民风等方面因素对湘潭城市码头文化地域性特征形成的影响。

2.2.1　自然环境因素

不同的自然环境与气候特征必然造就特定形态的区域环境，从而影响栖居于此的人们的生活方式和习俗，产生独特的地域文化，形成区别于其他区域的地域性空间环境景观。位于湘江上下游交汇的湘潭地处华南湘赣丘陵，市区三面环山，中东部平坦开阔，这里四季分明，冬冷夏热、阳光充足、雨水充沛，境内涟水、涓水、靳江自西南向东北而下汇入湘江，为人们提供了一个良好的繁衍生息环境。

公元前一世纪，古罗马建筑师维特鲁威所著《建筑十书》中关于城镇的选址，强调"必须有良好的水源供立，有丰富的农产资源，以及便捷的河道或陆路通向城市"。纵观我国因水而生的古城镇，如荆州（图2.13）、芜湖（图2.14）与湘潭古城（图2.15）一样均居于河流大钩背区域，其形成与发展得利于商贸运输泊船和进行物流中转的地理优势。《湖南地理志·湘潭县》称："水凡九曲，形如弓字，行二百四十余里，通行元阻，此县商繁盛之利源也。"唐代湘潭县治设于洛口（今易俗河），后来从宋家桥至大埠桥已成市肆，至宋代移县治至城正街，市肆从大埠桥沿江上溯，不断拓展，清末以致延绵十余里。从历史发展的眼光来看，湘潭老城区独特自然地理位置对其走向商业鼎盛有着不可替代的作用（图2.16）。宋代县治迁至今城正街以来，老城区就成为湘潭县城政治经济文化中枢机构的所在地，古城码头因商路而汇据于整个湘潭老城的地理中心成为连接县城与城外里坊的东西大通道，商铺穿插其中，成为当时潭城著名的商贸中心，在明清至民国时期成为集居住、商旅为一体的复合体，并延续至今。因此，地理环境影响下的区域吸引力造就了鼎盛时期的湘潭古城，形成了独特的城市码头地域文化。

图2.13　荆州市区位优势示意图

（http://www.meet99.com/ map-865.html）

图2.14　芜湖市区位优势示意图

（http://www.wditu.com/wuhu/）

图2.15　湘潭市区位优势示意图

（http://www.meet99.com/map-935.html）

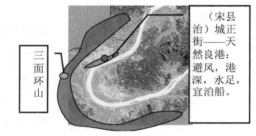

图2.16　湘潭古城地形分析示意图

（作者改绘自湘江生态经济带开发建设总体规划图）

2.2.2　商贸经济因素

　　历史上因朝代更替的多次大规模人口迁徙移居湘潭，都是选择傍依湘江作为重新聚集之地，不同地域多元文化或文明形态往往借便捷的交通进行传播交汇，伴随着交通的演进派生出城市多重文化现象。从交通发展进程的角度可知湘潭是一座因水而生、因水而兴的城市，依靠着得天独厚的湘江水运，自然地与湘江的开发利用休戚与共，命运相连。作者对将湘潭连接外界的古道水路交通变迁影响下的商贸经济脉络进行梳理（表2.3），可以看出，湘潭历史上就是湖南重要的物资集散地。以米、药等商品的转运贸易为基础，湘潭经济在明清达到了全盛时期，明朝时为"工商十万，商贾云集"的商埠，清朝至鸦片战争之前，湘潭是南粤进出口货物运输的重要中转站，也是连接上海、汉口和西南地区的商业枢纽，是湖南最重要的转口贸易城市。据清·容闳所著《西学东渐记》称："湘潭亦中国内地商埠之巨者，见外国运来货物，至广东上岸后，必先集湘潭，由湘潭再分运至内地，又非独进口货为然，中国丝茶之运往外国者，必先在湘潭装箱，然后再运广东放洋，以故湘潭及广州间，商务异常繁盛。"鸦片战争后，随着湖南行政中心长沙开埠、粤汉铁路通车以及广州贸易地位的相对下降，湖南商业活动向长沙转移，湘潭商业渐趋凋敝，抗日战争等战争的毁灭性破坏彻底结束其消费性贸易城市的阶段。

表2.3　湘潭古道水陆交通变迁影响下的商贸经济脉络梳理表

历史时期	湘潭交通运输线	主要商贸活动	主要港埠	用途	地位
秦汉时期	陆路驰道：咸阳—湖南分达广西和广东，即经湘潭至衡阳出桂阳入粤北为东线；出零陵入广西为西线。湖广官道雏形基本形成。水路：开凿越脊运河—灵渠。即从中原溯湘江—经湘潭—过灵渠—下漓江—直达南方重镇番禺。	军需运粮为主	花石、石潭、易俗河、湘乡县城	征战南越的军事运输需要	湘潭初步成为南北交贸、中原与两广的纽带
唐代	水陆商路由东西二线被迫西移，由西线自长安灞上—过秦岭—越江陵—下洞庭—经岳州—潭州—衡、郴—蜿蜒南下到达南粤。	1.军需漕粮运输。2.民间商贸：大宗香料、珠宝、犀象等从湘潭转输中原腹地，中原的丝绸、瓷器沿西线取道湘潭进入广州。	洛口（今湘潭易俗河）	军需、民间商贸物资分装运输的中转贸易枢纽	西线南北贸易的枢纽
两宋时期	1.湘江入洞庭经长江，漕运至真、扬、楚、泗州转般仓，然后分调船只溯流入汴京。2.岭南上供物资主要溯灵渠逾岭，再沿湘江漕运北上。3.开拓了横贯东西两条交通三干道：（1）从湘潭—渌水—萍乡—江西—水陆兼用通达两浙；（2）从湘潭—湘江而下—洞庭—长江—三峡—入巴蜀。	两浙、闽、广一带的商人涌入湘潭，从事粮食、茶叶、中药贩运。	城区：城正街	军需、民间商贸物资分装运输的中转贸易枢纽	茶、药、米、盐的四大销场

续表

历史时期	湘潭交通运输线	主要商贸活动	主要港埠	用途	地位
明代	湘潭古驿道分五路通向毗邻县省，"衡、永、桂、茶、攸二十余州县食货，皆于是地取给，故江苏客商最多"（清乾隆《湖南通志·风俗》）；不仅湘东、湘南产品都往湘潭集散，滇、黔、粤、桂各省货物出西北者必经"湘、沅"而集湘潭，陆路位置亦优于长沙。		城区：城正街及十五里沿江码头	军需、民间商贸物资分装运输的中转贸易枢纽	湖南中转贸易中心地位的确立
清朝	湘江、涟、涓水网和以县城为中心的五条驿道，把县城与近百个农村集市连接在一起，形成一个外联江南各省商埠以及"天子南库"广州，内联农村的商业网络。	来自江西、江苏、浙江、广东、福建、北五省（山西、陕西、山东、河南、甘肃）及本省商人组成七帮。其中江贩布匹、茶油、木材、磁器、锡箔、铅蜡等类；临江商人垄断湘潭药材交易；建昌商人专营锡箔；吉安商人多营钱庄；苏浙擅长经营绸布酒酱；福建擅烟丝；蜀擅丹漆；北五省擅旃裘、汾酒、关角、潞参、甘草；广东的海味、葵扇、槟榔等食用品，商业、信用、销售网络已相当系统化。	城正街及十五里沿江码头	军需、民间商贸物资分装运输的中转贸易枢纽	湖南商贸中心：湘潭不仅是省际苏广杂货、茶叶、竹木、槟榔、鱼苗的中心市场，也是全国性的米市、药都。

城市社会经济形态的发展是城市码头变迁、城市空间结构形态演变以及城市文化地域性形成的根本原因之一，商贸经济活动的发展刺激了城市文化的演进。湘潭古城湘江沿岸因商业的聚集效应所设立的码头不胜枚举，众多市总、商业精华集中在十四总至十七总，七帮商人遍布街头巷尾，商业店铺、会馆林立，湘潭的商贸专业街早在清初便已出现。伴随商业贸易带来的多元文化交流，佛教、道教、伊斯兰教、基督教等先后传入湘潭，形成丰富多彩的宗教建筑文化，如海会寺、关圣殿、鲁班殿、基督教堂等众多建筑文化的引入，使城正街至十八总一带

分布着不同地域风格建筑，成为柽筑湘潭城市码头文化地域性景观的重要部分。

2.2.3　人文环境因素

人文环境是人类社会活动的历史遗迹和现代人类社会活动共同作用的产物，为地域文化注入生命与活力，也为社会发展提供强大的民族凝聚力。湘潭始建于后汉时期，拥有1500多年的历史，它既是楚文化的发祥地之一，更是影响中国发展的湖湘文化的源头，有着深厚的历史文化底蕴。自古以来，湘潭经济活动虽然传递的是各路商货，也传递着先进的文化和观念，更深层次地体现在经济区域的地理特征、环境与文化的关系、人们活动交往形态以及各种行为系统等独具地域特点的人文环境当中。

湘潭地域性格的形成，既受到政治制度、经济状况和政局变迁的制约，也受到特定自然环境和人文环境的影响。湘潭远古居民多以蛮越族系为主，唐宋前土著居民和中原移民因战乱骤减，"江西填湖广""湖广填四川"的人口大迁徙带来文化大交流，湘潭人文多元性体现出地域文化自我更新、汲取包容和敢为人先的特质。如南宋时期福建崇安胡安国、胡宏父子定居碧泉，建碧泉书院开坛讲学，开创了历史上著名的"湖湘学派"。"修身、齐家、治国、平天下"思想与湖南人特性的张扬，促就了湖湘一大批文人学者、政治军事人才脱颖而出。"为有牺牲多壮志，敢叫日月换新天"的毛泽东、彭德怀；"衰年变法"的艺术大师齐白石，无一不体现了湘潭自新日日新的文化观念。元代文豪冯子振、明代名臣李腾芳、"国学大师"王闿运、铮铮御史赵启霖、治水名臣陈鹏年、反清志士刘道一、"鹰犬将军"宋希濂、实业家梁焕奎等名将志士体现出湘潭人秉承湖湘深厚文化、敢为人先、善于汲取和包容多元文化因素的优秀特质。

地域经济的发展带动了南北文化交流的普及，先进文化观念的催发反过来又促进地域经济的发展。宋代湘潭迁县治至今城正街，交通更加的便捷通畅，商贸活动日益繁盛，商人队伍日益壮大，富室大族接踵继起，跃然成为江南商业明珠。湘潭县所建学宫，湘乡萧、龚、彭、李、贺、谢、唐七姓捐建的永丰定胜大桥，皇祐二年（1050年）修建的云门寺，其建筑规模和艺术造诣均超过前代水平。特别是清代的海禁和一口通商政策，使湘潭一跃成为湖广、湘赣、湘黔驿路和湘江航运上下游交汇的重要节点，湘潭万商云集，来自江西、江苏、浙江、广东、福建、北五省形成地域性的行业帮会，集资兴建会馆，其中江西万寿宫、广东岭南馆、北五省关圣殿等房阁殿宇雕梁画栋，水榭楼台尤为壮观。城内外正街两旁市肆鳞次栉比，行、栈、庄、店达5400余家，十四总至十七总为富商大贾萃集之区，是湘潭商业精华所在，多元化城市空间环境及建筑艺术都集中反映了湘潭商贸经济的成就，体现出多元的地域文化特点。

2.2.4 民俗民风因素

民俗民风是人类社会文化的基本组成部分，有着极为丰富的内涵和多彩的表象，它体现在广泛而富有情趣的社会生产和生活领域当中。它蕴涵于民间，传承于社会，并世代延续承袭。从社会经济活动到相应的社会关系，再上升到上层建筑的各种制度和意识形态，都附有一定的民俗民风行为与心理活动，包含着社会生产生活的物质民俗、集体组织制度的社会民俗、民间意识形态的精神民俗和信息交流系统的语言民俗四个方面，在社会发展的进程中相互关联和影响，相互制约与促进。自春秋战国时期始，湘潭因独特的环境优势确立起以水稻耕种生产方式为主导的稻作文化，湘潭逐渐成为各个历史时期重要的产粮基地和漕粮码头。在与自然环境相协调的发展过程中，除了粮食生产外，桑、麻、棉、茶、蓝靛等经济作物种植普遍，光绪《湖南通志》描述明代湘潭："桑麻遍野""棉花地无肥脊皆宜之，人无贫富皆赖之，民享其利"，不但产生了先进的农耕方式与耕种技术，还产生了当地民间风俗、神话传说等观念文化内容。

湘潭民俗文化的地域性首先表现在老城区空间环境的物质形态特色当中。随着社会经济活动的展开与演进，从湘潭水运码头的出现——街巷骨架的衍生——城市空间结构的拓展，形成具有丰富多元文化相交融的城市空间体系。从码头的命名可见一斑：以地域行帮命名的江西码头、茶陵码头、岭南码头、万寿宫码头、水府殿码头、关圣殿码头等；以行业物资命名的盐商盐码头、盐店码头、石码头、南竹码头、纸商绸商建的仓门前码头等。明清时期湘潭已是万商云集的商埠，码头附近兴建会馆达50多个，行业会馆、公所组织多达15个，各显其盛。会馆建筑艺术结合当地文化的同时也体现不同地域的风格，各会馆的神祀种类因地域的不同存在差异，如：江西会馆以许真人许逊为保护神，称为万寿宫；临封会馆以神农、药王、财神为保护神，即称三皇宫；江苏会馆以"天、地、水"三官为保护神，称为三官殿；福建会馆敬奉妈祖，故称天后宫，等等。会馆的神灵设置始终是会馆保持其完整性的首要条件和重要部件，是会馆赖以生存的精神支柱，它凝聚了社会环境的熔冶，也规范了会馆发展的方向。

其次，商业的发展促进了民间地域文化的形成与传播。民间的生辰、祭祀、中元、节庆、禾苗治虫、酬谢大神等多以传统舞狮、地方曲艺、皮影戏、木偶戏等民俗活动形式表达，民情风俗节日活动使老城区的公共空间被赋予更多的意义。湘潭的端午节又称卫生节，家家门口插艾草、菖蒲和挂葛藤以除虫去秽。端午赛龙舟从唐代起就有记载，"江南才子"许浑在《送客南归有怀》是这样描写比赛盛况："绿水暖青萍，湘潭万里春；瓦樽迎海客，铜鼓赛江神；避雨松枫岸，看云杨柳津；长安一杯酒，座上有归人。"敲起铜鼓，赛起木舟，以祭江神，这就是湘潭赛龙舟最早的描写。在水运盛行的年代，各家码头和商会为了显示实力，祈求风调雨顺、人兴财旺，每年都会组织人员参加龙舟竞渡（图2.17、图2.18）。清初湘潭民间盛传的"竹枝词"就是一种记录市井俚俗、风土民情的七言绝句："水门巷外彩灯摇，总里灯来大埠桥。不羡九衢行火夜，而今五月赛元宵。"记录了每逢正月十五，从市总经半边街到大埠桥，龙舟赛后举行五月初五天符庙灯会的盛况。可见，民俗民风的发展传承与码头文化地域性形成紧密相关。

1. 每年农历四月初五过后，各码头开始造舟修船。修复变形的旧船需要10天，造一艘新船需要20多天。

图2.17　农历四月初五后造舟修船场景

（http://upload.blog.daqi.com/uploadnew）

7. 以前造一艘龙舟要花费1万多元，如今材料工钱上涨要3万多元才能完工。如果已经有船参加一次龙舟竞渡要花费6万元。2005年钟山号新船在整个活动里共花费16万余元。

图2.18　端午准备龙舟赛场景

（http://upload.blog.daqi.com/uploadnew）

2.3　小结

　　本章从湘潭城市码头的溯源入手，通过回顾湘潭城市码头历史沿革与变迁，对城市码头文化地域性的历史发展进程作了系统的梳理，进一步分析其内在影响因素，从而得出湘潭城市码头文化的地域性特点。

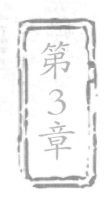

第3章

一

码头文化与湘潭老城区空间环境的地域性表达

自唐宋以来，随着湘江流域的大规模开发，湘潭已成为区域经济南移重要的水上码头，各地商贾云集湘潭设立商号，每年有大量的粮食、茶叶等物资依水路北上南下，码头的兴旺与繁荣形成了湘潭老城区独特的文化特征，从而影响整个古潭城的文化气质。于是，在"湘潭城市文化"的课题里，有了一个不可忽视的重要章节：城市码头文化。城市码头文化作为城市文化的一个组成部分，同样遵循基本的文化分类。"在物质形态的城市文化中，更多地表现为城市的一种物化环境，一种具有强烈地方特征的整体空间形态、总体布局、建筑形态等；而在意识形态的文化领域，则更多地表现为城市的一种'环境氛围'，即牵系于物化文化之间的一种内在联系，具体的可以表现为居民世代生存的社会网络、价值取向、社会风格和历史传统等等。"城市是个复杂的系统，在城市生活目的驱使下，人与环境之间相互适应、共同作用，形成了城市功能多样化和城市空间地域性特征。"地域性"城市空间具有历史文化与社会传统的可识别性，表现出从形式、体量、空间、材料和氛围给人以情感上的归属感和认同感，强调城市建设综合系统发展的稳定性。传统码头及因其形成的历史环境中保存下来的物质文化与精神文化特别丰厚，作为城市内部特殊而鲜明的地域单元，在文化上对城市有着独特的阐释与理解的视角，是城市延续了几千年下来的历史解说和文化积淀。因此，要让城市空间保持活跃的发展势头，就必须重视传统地域文脉的稳定延续，才能保持城市独特的文化多样性和地域性。

唐代的湘潭商贸物流重心虽然位居县治洛口（今易俗河），但在湘江河西沿江城正街一带已陆续出现初具规模的市肆。两宋时期是中国"城市革命"的突破性飞跃期，其城市经济发展有两个质的变化：一是市镇的兴起；一是"破墙开店"的城市大突围，商品生产与商品交换在城市发展中开始居于重要地位。湘潭正是在这一历史时期迁县治至城正街，湘潭老城区格局基本形成。

"湘潭城始建于明万历四年知县吴仲始筑土城，湘潭城南临湘水，周千三百三十二丈，高丈八尺，垛口二千六百，启六门，南曰观湘。其东文星，西南通济，皆通水；东北曰熙春，北曰拱极，西曰瞻岳，皆通陆路。"——这是现湘潭城区规划最早的文字记载。乾隆二十五年（1760年），修建砖城以护城堤，只是把"内外庐舍附之城者"迁移了一下，并未扩大城区规划。城内为县衙及达官贵人居处，繁华市总集中在城外。约在明末至清朝同治年间，从县城到十九总的沿江南岸长达五公里，依靠湘潭的地理优势和经济活动自发地扩展而形成古城基本格局并保持至今，商埠依靠湘江作为主要的物资运输通道，使湘潭成为沿江发展的带型城市，各功能区沿交通线，延伸形成了"三街六巷九码头""鱼骨状"的城市交通空间结构形态（图3.2、图3.3）。其中，三街古指正街、河街和后街，正街是连接一总至十八总的主商业街，古称宣化街，现分为一总至八总的城正街、九总至十二总的平政路和十三总至十八总的中山路（图3.1）。

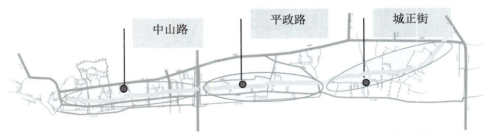

图3.1　湘潭主商业街道——正街的现状分区示意图

（作者改绘自湘潭市河西滨江风光带及棚户区改造规划图）

　　为了更好地理解湘潭老城区空间环境的码头文化地域性特征，本文运用国外城市设计理论中相对成熟的分析模型，如"图底模型""城市形态肌理"三要素、凯文·林奇的"城市意象"五要素等分析方法，总结出反映空间环境特征的构成要素主要表现为：①码头节"点"的生成；②街巷骨"线"的衍生；③空间肌理"面"的延展；④建筑形"体"的展现等四个方面（图3.4）。体现出湘潭城市有别于其他城市的美学特质与历史特质，这两个特质都与地域悠久的文化标志有关。美学特质使人们感到愉悦，而历史特质与文化象征性交织在一起。只有对这四个方面都投以关注，才能保证文化健康地、动态地延续和发展，而不是畸形地静态保存。

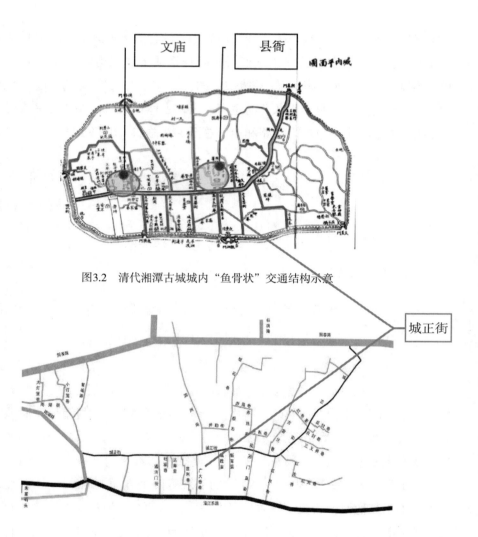

图3.2 清代湘潭古城城内"鱼骨状"交通结构示意

图3.3 湘潭古城城内交通结构现状图

（作者改绘自湘潭市河西滨江风光带及棚户区改造规划）

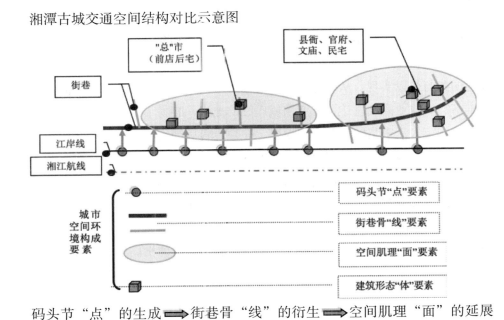

码头节“点”的生成 ⟹ 街巷骨“线”的衍生 ⟹ 空间肌理“面”的延展 ⟹ 建筑形态“体”的展现

图3.4　湘潭老城区空间环境结构分析示意图

3.1　码头节“点”的生成

凯文·林奇在关于城市设计的城市意象理论中，将城市景观归纳为道路、边缘、地域、节点和标志五大组成要素，强调城市节点是观察者可以进入的具有空间结构中战略地位的点状要素，是人们活动的聚集点，它可以是城市广场、道路交叉点、区市中心、绿化中心等部位。这一理论是建立在西方城市设计的认知基础上，对比西方城市节点多以广场的形式出现，由于中国城市空间以传统内向封闭型结构为主导，商业空间长期受到抑制的结果，直至宋代里坊制的城市结构被瓦解，出现了开放的商业街区，形成了局域商贸节点，但中国古代城市空间节点的公共功能形态并不突出。

随着本课题研究的深入，发现中国古代城市伴随着社会经济活动的演进而逐步成熟发展，军事征战、人口迁徙、商贸经济等行为大多通过水运交通及其码头设施的参与得以实现。从地理经济学的角度来说，靠近江河湖海、交通方便、资源丰富、农牧业高度发达、工业领域广泛的地区，容易形成商业和经济中心，而在这些城市人流密集的"节点"地段，往往也是店铺集中的区域。在很多依水而生的城市，水运码头成为城市历史发展的重要节点，往往集交通、商业、宗教等功能于一体，具有交通可达性、功能复杂性和地域识别性的特征。节点分布不仅受到城市人口分布、区域经济活动和交通等因素相互作用的影响，城市形态特性也决定着节点的分布特征。如山地城市节点以局部集中而总体分散格局分布；平原城市节点则为整体集中式布局；带型城市的轴向延伸格局决定了城市节点以线状分布为主（图3.5）。

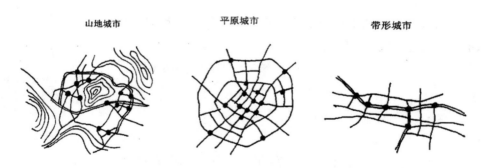

图3.5 不同形态的城市节点分布示意图

（刘艺硕士学位论文《城市节点设计研究》）

湘潭老城区形成于宋代，其形态沿湘江河岸呈带状延伸格局。随着商贸经济活动的不断扩展和湘潭经济地位的日益提升，江西、江苏、浙江、广东、福建、北五省（山西、陕西、山东、河南、甘肃）等省及湖南湘东一带的货物云集，清朝嘉庆年间沿江码头由明末的10余处增至37处，到清末货物装卸码头多达54座，从大埠桥向西延伸至求子桥，延绵十五里沿江呈线性格局分布（图3.6至图3.15）。城市人口分布密集、区域经济发展水平相对高决定了节点的数量与强度也相对高，形成集约化的节点群。据乾隆《湘潭县志》记载：明朝嘉靖年间修城，城内分三街、九巷、二十六坊。三街为河街、宣化街、大街，河街自锦湾而下至学宫近十余里，为工商户聚集区，"上下交集之门户，百货云集，手作、工技群体庞大，商业繁盛，典当业发达"，达十九总之多。不难看出，从老城区九总西延至十九总区域内码头节点的密集分布与工商户聚集强度相对应，码头位置的选址更多地考虑到水运交通便捷中转和内部街巷的可达性，成为联通外部交通和内部城区的聚集点和转换点（图3.16、图3.17、图3.18）。

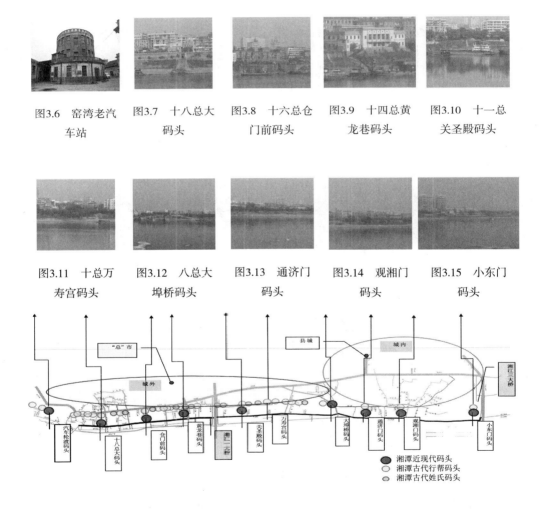

图3.6 窑湾老汽车站　　图3.7 十八总大码头　　图3.8 十六总仓门前码头　　图3.9 十四总黄龙巷码头　　图3.10 十一总关圣殿码头

图3.11 十总万寿宫码头　　图3.12 八总大埠桥码头　　图3.13 通济门码头　　图3.14 观湘门码头　　图3.15 小东门码头

图3.16　湘潭老城区码头节点分布示意图

（作者改绘自湘潭市河西滨江风光带及棚户区改造规划）

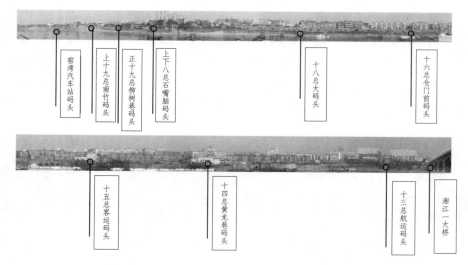

图3.17　湘潭河西老城区一大桥以西沿江立面码头节点分布示意图

（作者自拍、自绘）

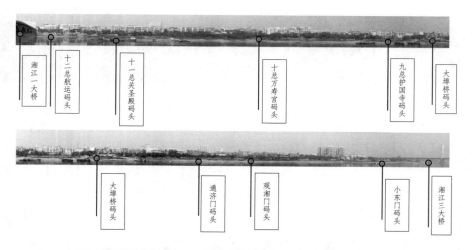

图3.18 湘潭河西老城区一大桥以东沿江立面码头节点分布示意图

3.1.1　湘潭行帮通商节点码头

明清两代，外地来潭经商户分籍贯或行业结成商帮，行会组织在行业管理职能基础上发展成为具有帮会性质的行帮。清初至清中叶，湘潭城内形成了苏（江苏）、南（江南）、建（福建）、广（东）、北（北五省包括山西、陕西、山东、河南、甘肃）、西（江西）、本帮七大商帮；江岸船户分为九帮。湘潭古城码头多由行帮出资修建，各商帮均建有自己的码头、商铺和会馆或宾馆公所，如广东帮建岭南码头、江西帮万寿宫码头、北五省关圣殿码头、鼓楼门（临江）码头、江西码头、水府殿码头；省内永州帮永州（濂溪祠）码头、茶陵帮茶陵码头等。有些码头是由行业聚众修建，如纸商、绸商建仓门前码头；盐商建盐码头、盐店码头。通过商家集资共建共用的码头，如兴仁巷、大码头、观湘门码头。商家独资兴建的码头多以家族姓氏命名，如：曾家码头、朱家码头、马家码头、周家码头、谭家码头、喻家码头等。对接城区城门有文星门码头、观湘门码头、通济门码头。

3.1.1.1　江西万寿宫码头

宋代的湘潭已是名扬全国的"药都"，云、贵等16省及南亚诸国药材均在湘潭集散转运，仅十至十二总正街、河街，就集中了药材行（号）、店390余家，年销售额约白银800万两，有"药不到湘潭不齐""药不到湘潭不灵"之说。经营药材和银楼首饰的多为江西商人，居于十总的江西万寿宫码头与包括江西会馆万寿宫的内部街市连接的街巷多达6条，所建江西公所达12所，其中昭武宾馆、临丰宾馆等就建于十总、十一总。从中不难想象万寿宫码头周边人口密集，商肆分排、巷道交驰的繁盛场景。万寿宫码头已随历史潮流而消逝（图3.19），万寿宫仅存牌楼和夕照亭明示往日的辉煌（图3.20至图3.23）。

图3.19　万寿宫码头区位图

（谷歌卫星图截图）

图3.20　江西会馆万寿宫牌楼

（湘潭市规划信息中心）

图3.21　江西会馆万寿宫牌楼细部　　图3.22　万寿宫夕照亭　　图3.23　万寿宫码头巷口

3.1.1.2　北五省关圣殿码头

山西、山东、河南、陕西、甘肃为北五省，在湘潭古城十一总共建新关圣殿会馆，有民屯田134亩，水田9口，菜园1所，对接湘江建关圣殿码头（图3.20至图3.22）。乾隆四十六年（1781年），北五省驻湘潭棉花行就有33家，曾公议制定"棉花规例"，对商用砝码、价格、装卸等进行明确规定，并立碑镌石并保存至今（图3.27至3.29），不难看出湘潭商人队伍的庞大。关圣殿完好保存至今（图3.24至图3.26）。

图3.24 关圣殿外观

图3.25 关圣殿省级文物保护单位碑刻

图3.26 关圣殿简介碑刻

图3.27 "棉花规例"碑刻一　　图3.28 "棉花规例"碑刻二　　图3.29 "棉花规例"碑刻三

图3.30　关圣殿码头船屋　　　　　　　　　　图3.31　关圣殿码头泊船

图3.32　关圣殿码头远景

3.1.1.3　十六总绸布商帮码头

十六总码头又称仓门前码头。在新中国成立之前，仓门前码头曾是湘潭绸布运输的大型码头（图3.34），传说也是以前处决犯人的地方。现在是湘潭最大的总件杂散货码头，堆场面积有6500平方米，共有5个泊位，是湘潭泊位最多的一个码头，它的最大靠泊能力500吨级，年综合通过能力40万吨。仓门前码头名称一直沿用至今（图3.33、图3.35）。

图3.33　仓门前码头远景　　　图3.34　十六总绸缎店　　　图3.35　十六总码头内景

3.1.1.4　盐商盐店码头

湘潭盐商集资兴建的码头，有十总的盐店码头、十七总盐码头。现存十总通往盐店码头的街巷（图3.36至图3.38）。

图3.36　现存"盐店码头"标牌　　　图3.37　盐店码头巷口　　　图3.38　盐店码头巷

3.1.2　连接城区与总市的"节点"码头——大埠桥码头

"万历四年（1576年），湘潭县筑城。东起宋家桥，西至大埠桥的原一至八总地区，遂纳于城内，其'总'的称呼亦渐湮没，四—七总称宣化街，一——三总为宋家桥和文星门外，八总为大埠桥东。九至十八总遂称总上，其商业较城内繁荣……"光绪刊《湘潭县志》描述："大埠，在八总，明代建，名曰平政。"以湘潭为省内商贸大码头或大埠头、大商埠引申而得的桥名，以示桥位于巨埠。大埠桥又称为"大步桥"，埠与步谐音所致。明代城区西南角新建生湘门，城区与总市之间的交通无需经过瞻岳门到通济门，特别是火灾发生时，大埠桥成为沟通总市与县城的必经之道。大埠桥下有雨湖水入江的溪水，也是湘江洪水泄洪避灾的重要闸口。繁华总市集中在城外，大埠桥至求子桥带状伸展，绵长约十五六里，大埠桥是连接总市与县城的重要交通节点，也作为近现代湘潭竹木砂石水运的重要码头一直沿用至今（图3.39至图3.44）。

图3.39　通向大埠桥码头车道

图3.40　大步桥河鱼馆

图3.41　大埠桥下排水沟渠

图3.42　大埠桥码头驳船

图3.43　大埠桥码头标志石　　　　　　图3.44　大埠桥码头远景

3.1.3　连接城东与城西的客运交通"节点"码头

新中国成立后，水运业因陆路交通的兴起逐渐衰退，逐步将新中国成立前的52家码头进行整合。随着机械化轮渡作业能力的提高，1979年后老城区规划保留了十八总大码头、十五总码头、十三总码头、观湘门码头、小东门码头五处作为连接湘江两岸的主要客运轮渡渡口。而今仅有十八总大码头和十三总码头继续着客运业务之外，其他客运码头均停运或近消逝。

3.1.3.1　十八总大码头

湘潭素有"千年十八总、传世金湘潭"的美誉。明清时期，十八总码头沙湾米市"千艘云集"，成为本地、湘南、湘西南等地产粮收购聚集地，也是江浙等东南各省的米商转口贩运汇集之所。十八总大码头由各路商家集资共建共用，是湘潭老城区最为繁茂的商业转运交贸中心，同时也是湘潭最为活跃的民俗交流活动中心，湘潭十八总码头区域存留了很多名胜古迹，如：望衡亭、陶公山、秋瑾故居、基督教堂、明吉王三世余妃故里等成为湘潭特有的文化遗产，不时勾起湘潭人对这座城市历史的遐想。传统的十八总轮渡码头至今还有小渡轮往返于河东的东坪镇和河西的十八总之间（图3.45至图3.47）。

图3.45　十八总大码头远景

图3.46　十八总大码头内景

图3.47　十八总大码头渡口

3.1.3.2　十三总客运码头

十三总码头坐落在湘江一大桥桥头以西。古时多以经营布匹、百货、酒业等经济活动为主，附近曾有已消逝的黄龙庙、铁炉寺等特色文物。新中国成立后十三总码头规划为客运码头并建有湘潭水运港务局大楼（图3.50），20世纪70年代至一直有往来于湘江两岸、湘潭至长沙等客运业务，湘潭市民习称十三总码头为航运码头。长潭高速公路建成后，水运业务停滞，现已成为湘潭人欣赏江景、休闲娱乐的好去处（图3.48、图3.49）。

图3.48　十三总码头远景

图3.49　十三总码头近景

图3.50　十三总码头港务局大楼

3.1.4　近现代货运"节点"码头——十四总码头

湘潭十四总的黄龙巷码头曾与十三总码头共同构筑集布店、百货店、酒家等百货日杂味主要经济活动的商业街区。新中国成立后，在十四总码头的正街口店铺林立，曾今拥有旭日绸布店、五交化公司、吴元泰和吴恒泰酱园、维生米粉店、洞庭春饭店、日日新百货店等许多有名的湘潭特色店铺。十四总码头在20世纪80年代被改造成五百吨级货运码头，1992年由国家投资建成为千吨级集装箱码头，经营国际集装箱业务，成为湘潭、邵阳、娄底等湘中地区进出口货物的集散地。（图3.51至图3.56）

图3.51　十四总航运公司大楼远景

图3.52　十四总集装箱码头远景

图3.53　十四总集装箱码头近景

图3.54　十四总航运公司大楼近景

图3.55　十四总集装箱码头货场①

图3.56　十四总集装箱码头货场②

湘潭不同时期码头节点积年累月的发展，在历史地段中沉淀下许多历史人文遗迹，它们共同构成了湘潭老城区历史地段极具个性的景观，历史地段的景观特色真切地反映出湘潭老城区的历史文化氛围，体现出城市的地域个性。

3.2　街巷骨"线"的衍生

　　自古以来经商店铺的选址，就是要选择能符合传统风水，保证商家精力旺盛，利于经营，并能带来生意兴隆的好环境和好位置，按照商家传统风水原则，"区域好、地段旺，人气足"是店铺选址的最基本和最首要的条件，古人把这种风水选址行为，称之"旺地、旺铺、旺财"之举。湘潭依商贸水运便利，最繁华的商业街沿江布置在老县城以西，这与当时湘潭湘江河道码头的分布有着密切的关系，也符合"依水而立""依水建街"的风水理论原则，由江岸各商贸节点码头衍伸成蜿蜒十几里依码头的商贸街巷顺江势延展开来。湘潭民间曾流传"窑湾进城一天""半个月走不尽三街六巷"一说，商贾喧嚣，朝夕不断。

　　城市空间结构形态主要是指由城市街道所组成的一个相互联系的网络系统，这一系统隐含着丰富的信息：街巷的尺度、形状及内部组织；公共空间及其分布状况；街道网络的性质（主次街道与交汇点）；街道网络与地形特征的关系等，同时也隐含着这一网络系统形成的核心动因——网格所支撑的生活方式。湘潭老城区街巷网格系统正是自然地形特征与理性自然生成相结合的产物。历史上的自然地貌湘江水系影响着网格系统的走向，而理性自然生成使自然因素与人们的生活需求相协调，街巷景观空间环境是人类社会和文化、自然环境交织在一起，共同形成的具体而有特色的产物，而其景观地域性特征可被识别为具有地区独特元素、主题和历史演变过程的空间单元，其演变过程反映了固定的结构和具典型可变性的动态生态系统。对比古今不同时期的老城城内空间结构图（图3.2、图3.3），可以看出老城区的道路网络和街巷格局依然保持典型的、经过历史磨砺沉淀下来的格局，即：今城正街（古称宣化街）在城内贯穿东西，并由此延伸出若干巷道连接各个城门（明清时期为六城门），大体构成"鱼骨状"的格局，可以清晰地感受到这一空间结构的传承性和合理性。

3.2.1 "三街六巷"的线性空间

湘潭古城是有机增长式的城市，据记载：明嘉靖年间修城，建熙春、观湘、拱极、瞻岳四门，城内分三街、九巷、二十六坊（乾隆《湘潭县志》）。三街为河街、宣化街、大街。自锦湾至燕子桥为河街；东起熙春门，西至攀龙巷（今板石巷）为宣化街；西为大街，至学宫东。如今，老城区主街道主要由城正街、中山路、平政路、雨湖路、人民路、熙春路、窑湾和壶山组成。其中最为繁华的传统商贸主街道为自上十八总至一总的中山路、平政路和城正街，垂直于主街道的各种空间尺度各异的小街巷高密度地分布在道路两边，街巷蜿蜒曲折。其中城内仍沿袭老城格局呈"三横九纵"形态分布，三横为城正街（图3.57至图3.60）、井勘巷、大雷家巷（图3.64）；九纵为板石巷（图3.63、图3.65、图3.66）、泗州庵巷（图3.75）、新育里巷、城隍庙巷（图3.67）、广大香巷（图3.62）、胜利巷（图3.69）、通济门巷、学坪路街（图3.61）、社区小巷。老城区街巷结构具有完整紧凑的传统居住及商业文化空间特征，表现为有机生长的空间形态、尺度宜人的街廊比例、细致丰富的街巷界面。

3.2.1.1 有机生长的空间形态

古代城市一直以一种适度的空间结构和规模在平缓地运行，其城市平面布局取决于居民依靠步行进行工作、娱乐、生活和其他社会活动所需要的距离，是一种"步行城市"的尺度，步行交通方式在维持城市规模中起了主要作用。在"由下自上"的传统城市自然生成过程中，人们总会寻求内部交通最短的布局方式。因此，湘潭老城区的交通空间密度很高，街巷道路狭窄，尺度近人，这种街巷空间极易在古城的自然增长过程中获得，具有随机、自发、浪漫和视觉连续变化的特点。另外，蜿蜒曲折的街巷系统在古代还是一种仅次于城墙的防御手段，湘潭老城区在自然生长过程中本能地体现出了防备意识，迷宫般的街巷使外来人难以准确定向，街坊中的居民却可以穿梭自如。同时，街巷本身成为地方认同意识和归属感的重要组成部分。

老城区街巷空间通过连续动态的空间体验，可以感受到街巷体系的不规则性，没有明显的轴线，几乎找不出一条完全笔直的巷道。在巷道的转折和连接处通常会形成口袋状的空间节点，这些节点又成为街坊居民街市生活的中心和小广场。在街巷空间环境组织中，文庙、关圣殿等作为城正街与其他街巷交汇处的标志性建筑，起到商业街空间的标志定向作业，增强了地域的可识别性，也成为街巷空间环境会聚的景观焦点。

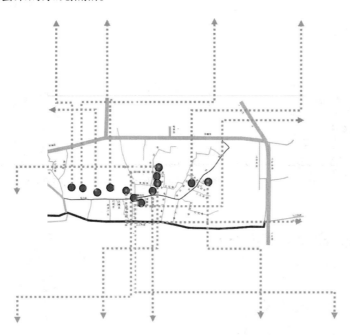

（作者改绘自湘潭市河西滨江风光带及棚户区改造规划图）

图3.57　城正街街口　　图3.58　城正街街景①　　图3.59　城正街街景②　　图3.60　城正街街景③

图3.61　学坪路街

图3.62　广大香巷

图3.63　板石巷①

图3.64　大雷家巷

图3.65　板石巷②

图3.66　板石巷③

图3.67　城隍庙巷

图3.68　三义井巷

图3.69　胜利巷

3.2.1.2　尺度宜人的街廓比例

城正街及其街巷均呈相对封闭的建筑物空间形式，前店后宅或下店上宅的传统商业兼居住型建筑面街连排布置，利于形成浓郁的商业氛围。城正街的平均宽度在15m左右，街路宽度与临街建筑高度H比例在1∶1至1∶0.7范围内，视点与建筑立面所形成的垂直视角在35～45度之间，给人很强的围合感，人们所能获得的视觉感受最佳。临街建筑物呈交错排列，街景丰富而有活力，随着人们走动景致不断变化，给人鳞次栉比的感觉。

城正街街道两边每隔50～100米左右有与街道呈交错状的街巷，并按一定韵律交替出现，交错的街巷有利于打破街道景观的单调性，使长距离的街道形成空间层次层层递进。街巷因巷内功能布局的不同而呈现大致三类街巷空间尺度：

一类是巷内仅容纳多户单一的居住空间交通组织或仅作为物流运输时，街巷宽仅为1米至1.5米，由于巷道两边建筑所建层数高度差异，形成较为不同的宽高比有1:2、1:3、1:6不等，如筷子巷（图3.70）、盐店码头巷（图3.71）、关圣殿巷（图3.72）。窄小的街巷仅能容纳两人相向而行，尺度亲切宜人，两边建筑实体相对有纵深幽闭之感。

图3.70 筷子巷　　　　　图3.71 盐店码头巷　　　　　图3.72 关圣殿巷

二类是巷内包含多户居住交通、作坊、物流等多功能空间时，街巷宽为1.5～2米，宽高比多为1:2或1:3，如由义巷（图3.73）、万寿宫码头巷（图3.74）、板石巷（图3.63、图3.65、图3.66）。

三类是巷内包含多户商业、居住交通、作坊、物流等多功能空间时，街巷宽达到2～3米，宽高比多为1:2至1:1，如泗洲庵巷（图3.75）。

图3.73　由义巷　　　　　图3.74　万寿宫码头巷　　　　图3.75　泗洲庵巷

3.2.1.3　细致丰富的街巷界面

  对街巷的最佳定义是"在两边相邻建筑物的直线所形成的一个封闭的、三维空间"。而建筑的空间组合方式和建筑外观的细部设计是形成街巷特色的重要元素。在大空间背景下的小组成元素（细部特征）对街巷的易识别性是非常重要的，它能告诉人们某个地方的历史，景观连贯性大大提高了景观的特殊性和所有的价值。湘潭老城区街巷建筑呈现出不同历史时期的各色风格。临街建筑多采用下店上宅、前店后宅的功能布局，以最大限度地利用商业空间，形成一层与二层建筑高低错落的形态格局。建筑为双坡屋面的砖木穿斗式结构（图3.76），木结构柱从建筑底部上延至屋面屋架，梁坊穿插其间，大进深的平面布局使建筑沿纵向动态起伏。建筑物立面细部特征复杂程度与其功能相对应，商业建筑下层商铺通过许多竖向廊柱分割店面，形成独具韵律美的空间形态（图3.80至图3.81），粉墙黛瓦与木构檐口结合造型多样，二层或凹入或悬挑的木质阳台栏杆、挂落装饰花纹及码头山墙富有变化（图3.77、图3.78）。建筑形态的细节处理与其商业功能保持对应，体现着商业街的性格特色，符合场所、结构与功能原理的自然要求。

图3.76　砖木穿斗式结构

图3.77　挂落装饰及山墙檐口

图3.78　木质阳台栏杆

图3.79　商业铺面韵律空间

图3.80　民居建筑入口韵律空间

图3.81　民居建筑屋面律动空间

古城正街历史上就是繁茂的商业街区，经过历史变迁逐渐成为湘潭城重要的商业中心，因此街道结构及呈交错状分布的周边街巷均体现着湘潭地域所特有的景观特色元素，是湘潭老城区地域性空间环境的重要组成部分。

3.2.2　湘潭街巷"总"的地域特色

"总"是湘潭古城空间环境绉构中的一大特色，"总"的由来与水运商贸及其码头息息相关。明初湘潭古城正街沿湘江从东至西被划分为十八个"总"，即为一总至十八总，其中一总至八总在1576年筑城时包含在了城内，清朝湘潭城商贸与城市活动向城外集中，一总至八总的称呼不再使用，城外的九总到十八总地名及码头格局延用至今，古代有'官绅居县'城'，工商户居市'总'"一说。现在以河西湘江一大桥为界，下游有四个总，即九、十、十一、十二总；上游有十个总，即十三、十四、十五、十六、十七、正十八总、上十八总、正十九总、上十九总。每"总"以码头来分隔（图3.84），十三总习称航运码头，十四、十五总习称客运码头，十六总习称货运码头，十八总为轮渡码头。小码头以十六总与十八总之间为多，最出名的有茶陵码头、张家码头、湖北码头、江西码头、方家码头、新码头、浏阳码头等（图3.83）。

"城总市铺相连几十里，其最稠者则在十总以上。甲乙之货云屯雾集，为湖南一大码头"。"总"这个特殊的称呼，来源于古代打更巡夜所设的"总铺"。展开嘉庆丁丑岁（1817年）《湘潭县志》所附《城总全图》，便见各总之间设有门楼，上标各总之名，从八总到十八总，赫然醒目（图3.82）。各总设"值年"或"首司"，为公共事务管理负责人员。各总首尾，设栅为卫，入夜关栅，天明则启。街道用青石板铺路，两边店肆、牌坊、青瓦屋顶、白色风火墙鳞次栉比。

图3.82　湘潭古城城总局部门楼

图片来源：嘉庆刊《湘潭县志》湘潭古城城总全图

清代，湘潭城市特征概括为"街分十总，商分七帮"，"十总"即九总至十八总的总称，"七帮"指来自外地的商帮。来自不同地区的商人不仅是湘潭城居民的重要组成部分，他们也促进了各"总"早期社区文化的分化，他们在不同的"总"修建会馆等场所设施并形成了各自的主要活动范围，构建自己独特的社会关系，产生出独特的早期社区文化，从而赋予各"总"以鲜明的地域特色。在每一总的街区范围内，都建成了各具代表性的标志建筑，例如八总大步桥、九总龙王庙、十总万寿宫、十一总关圣殿、十二总华南戏院、十三总黄龙庙、十四总璀圆宫、十五总海会寺、十六总鲁班殿、十七总观音阁、十八总唐兴寺，其中关圣殿、海会寺、鲁班殿一直保留到现在，成为湘潭市区现存古迹中的重要部分。

"总"的设置起于明，而以数字依序称"总"保存时间最长，成为湘潭的一大特色。现在一直有沿用各总名称的公交车站（图3.85至图3.89）和商业铺面（图3.90至图3.92），这说明独具地域特色的"总"码头文化已经根植于湘潭人的生活当中。

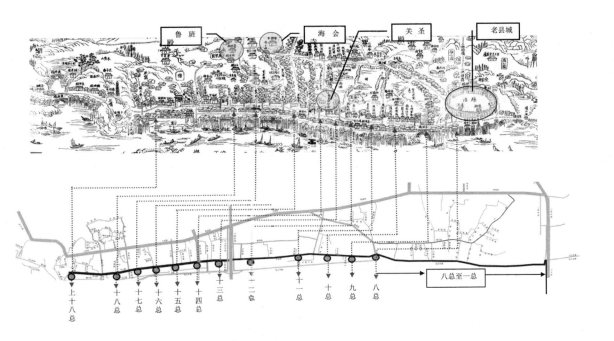

（上图）图3.83　湘潭古城城总分布全图
嘉庆刊《湘潭县志》）

（下图）图3.84　湘潭老城区城总分布现状图
（作者改绘自湘潭市河西滨江风光带及棚户区改造规划）

湘潭城总分布古今对照图

图3.85 十三总公交车站牌

图3.86 十五总公交车站牌

图3.87 十六总公交车站牌

图3.88 十七总公交车站牌

图3.89 十八总公交车站牌

图3.90 十四总棉布店

图3.91 十七总日杂店

图3.92 十五总日杂店

3.3　空间肌理"面"的延展

　　城市肌理是一种有序的空间等级层次及空间联系，在某一范围内显示了城市空间环境结构。正如美国学者罗杰所说："一种预设实体和空间构成的'场'决定了城市格局，这常常称为城市的结构组织，它可以通过设置某些目标性建筑物和空间，如为'场'提供焦点、次中心的建筑和开敞空间而得到强化。"湘潭老城区空间肌理较为连续而丰富，公共空间与私密空间形成了有机的结合，这种肌理较多地反映了历史传承的痕迹，特别是保存较好的历史街区，保持着特有的地域特色。

　　通过"图底分析"可以将湘潭老城区空间环境的结构关系清晰地表达出来（图3.93），使我们很清楚地认识街坊里建筑实体与外部空间的共存关系，也反映出特定空间环境结构关系在时间跨度中所形成肌理的匀质性和结构组织的交叠性（图3.98、图3.99、图3.102、图3.103至图3.105）。总的来看，湘潭老城区空间环境肌理比较丰富，明清建筑及近代建筑形成街巷主要的肌理形式，这些建筑群体之间相互联系，共同限定出街道与广场（图3.94、图3.95），形成小尺度、交织着的街道网络（图3.106），同时建筑朝向统一、排列密集，空隙之间自然形成众多近人尺度的院落（图3.100、图3.101），成为居民生活的小环境。建筑密集排列所产生的外部空间自由活泼，使弯曲变化的街巷在建筑群中自然形成，外部空间较为积极，俨然不同于现代居住小区趋于单调的空间肌理形式。但肌理的构成也存在异质化，由于20世纪60—70年代为解决城市职工住房和结合工业布局需要，向匀质低层民居群中插入一些体量较大、层数较多的住宅楼和厂房，街坊匀质的肌理形式被打破（图3.96、图3.97）。但街坊整体虚与实的对话关系还明晰可见，外部空间的连续性基本被保留了下来，从中可以清晰地感受到老城区空间肌理的丰富性和包容性。

图3.94　文庙平面肌理

（谷歌卫星截图）

图3.95　文庙前坪公共空间

图3.96　喇叭街插建建筑肌理

（谷歌卫星截图）

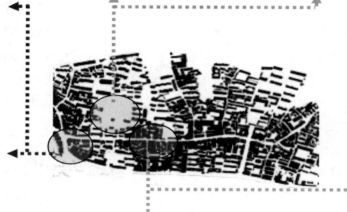

图3.95　湘潭老城区空间环境肌理地域特征分析

（作者改绘自湘潭市河西滨江风光带改造规划图）

图3.97　插建建筑破坏匀质肌理

图3.98　传统建筑肌理

（谷歌卫星截图）

图3.99　传统建筑匀质肌理

（市城建档案馆）

图3.100 民居院落

（http://news.xtol.cn/HTML/2011/11/186280.html）

图3.101 民居天井

图3.102 老城区窑湾空间环境肌理①

（http://bbs.rednet.cn/thread-14186369-1-1.html）

图3.103 老城区窑湾空间环境肌理②

（http://bbs.rednet.cn/thread-14186369-1-1.html）

图3.104　传统建筑匀质肌理①

图3.105　传统建筑匀质肌理②

图3.106　湘潭老城区空间环境的街巷交织

3.4　建筑形态"体"的展现

　　湘潭老城区中建筑空间形态以商贸活动发展所产生的"按行结肆"为基础，围绕经济活动最为频繁的通商码头及其行业会馆公所出现了茶庄、客栈、酒馆、妓院、手工作坊、药号、钱庄票号、典当等多向产业空间。清周翼嵩《湘潭竹枝词》中，"橹声咿哑篙声歇，估客帆收落日中""十里楼台皆傍岸，碧波灯火彻通宵"描述了湘潭商业及夜生活盛景。传统建筑实体和空间形态因丰富的社会生活呈现出多元性、集市性和阶层性，具有宜人的尺度、匀质的肌理、良好的细部特征，以高密度一层或二层民居建筑形态向水平方向延展，其中穿插标志性区域中心建筑组群。公馆会所、寺庙、教堂等建筑比一般店铺民房体量高大，起到视觉上的支配作用，其外部空间的阶层性较为丰富，空间大小、形态、开合、穿插与渗透多姿多样，如城内文庙、十总的万寿宫、十一总的关圣殿、十四总的鲁班殿等，建筑形态以庭院组织气势恢宏的中心建筑，采用传统封火马头墙与重檐歇山屋面并存的建筑形态，局部装饰有泥塑百禽、瑞兽、彩画、人物等，门窗装饰有木雕、透刻、浅浮雕等，与大面积的民宅店铺门前屋外的细腻精巧形成对比，形成了以黑白灰为主色调的民居建筑群落为底色，突出点缀富丽堂皇的标志建筑的整体格局（图3.107）。

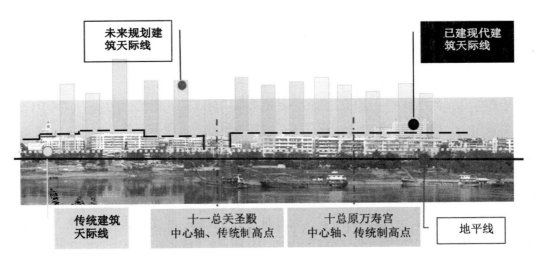

图3.107　不同时期的湘潭老城区空间环境建筑天际线对比分析示意

　　新中国成立后，建设高潮使老城区新添了以低层或多层体量的仿苏建筑形态，红砖、青灰等材质增添了朴实淳厚的特色。改革开放的脚步推进了旧貌换新颜的建设步伐，无序地拆建使老城区原有匀质的体量削弱，代之以毫无特色或与传统城区风格不协调的多层或高层建筑形态。

　　湘潭古城至今保存着百多年来的数幢近代建筑，形态多样，风格迥异，是湘潭近代历史建筑最集中、反映湘潭历史变迁最为丰富的体现。由于其独特的历史、文化和观赏价值，它们将成为构成湘潭古城近代商贸历史街区风貌特色的重要因素和再次繁荣的关键。现在有迹可寻的只有关圣殿、文庙、鲁班殿、海会寺而已。

3.4.1 公所会馆建筑

公所会馆是我国明清时期社会政治、经济和文化变迁特有的产物，作为民间自律、自卫、自治组织形式与商业性、联谊性的活动场所，它形成于明代中叶，成熟于清朝中期。会馆最初是以同籍在异乡聚集之所的形式出现，随着日后的不断发展演变，其功能日趋规范化和多样化，"公约、祀神、和乐、义举"是其基本功能，树立同籍神灵崇拜的集体象征，共同遵循自律规章，维护集体利益的前提下相互帮扶，提供同乡客地的聚会娱乐场所。

明清时期社会政治经济结构的变迁使会馆的发展呈现兴旺景象，官绅士子会馆、工商会馆、移民会馆、行业会馆等各显其威，同时交通的发达促进了社会经济的繁荣和商品流通。清代，在长江沿线的湖南湘潭处于交通便捷之处，成为东南七省及山陕商品的集散地。在雍正时已是"千艘云集，四方商贾辐辏"了，乾隆时，由于它上控西粤，下通关汉，是重要的经济枢纽，以至于"邮传舟行，往来如织"，湘潭城的沿江码头甚多，各地会馆兴建于码头附近达50多个，其中行业会馆、公所组织多达15个，现仅关圣殿、鲁班殿两处保留完整。

3.4.1.1 北五省会馆——关圣殿

关圣殿位于湘潭老城区平政路，是省重点文物保护单位之一。清初，由山西、山东、陕西、甘肃、河南五省驻潭商人集资兴建，故又称北五省会馆。现只留下主殿春秋阁（图3.108）尚称完善，阁分两层，建筑在离地约一米高的麻石石基上，四周有石柱。大殿门前一对高4.8米的汉白玉狮座石柱（图3.109），柱上各有一条镂空石龙盘旋而上，栩栩如生，殿阁四壁及石栏，均缀以人物故事（图3.110）及花鸟虫鱼。殿后围墙上刊有10多块石碑，记载着湘潭开埠以来商业繁荣的史实。

图3.108　关圣殿春秋阁　　图3.109　镂空雕龙汉白玉柱　　图3.110　殿阁门壁浮雕

3.4.1.2　行业会馆——鲁班殿

鲁班殿原有三处，现仅存最为完整的一处位于十六总自力街兴建坪。初建于清乾隆年间，1912年被焚，1915年由泥木工人集资重修，一直是泥木工匠公所。公所会馆起初多由住宅演变而来，如"舍宅为馆""购宅为馆"，为常见标准的合院式布局。义举集会娱乐多功能趋势的发展使会馆布局符合礼制，戏楼、客厅、正厅等主要房屋坐南朝北地布置在中轴线上，对称严谨。鲁班殿作为行业会馆古称鲁班庙，该建筑坐北朝南，南北长约50米，东西宽约16米，占地面积约800平方米，其建筑布置格局是中轴贯通，左右对称，布局完好。中轴线上，主体建筑由楼阁式主殿（图3.113）和戏台（图3.112）围合成用来祭祀和观戏的内院，加上左右的廊庑（已毁），组成一进式建筑组群（图3.111）。每年农历五月初七为鲁班生日举行庆典活动。

入口门墙（图3.114）正面由诸多用以宣传、教化的泥塑作品点缀构成，其正中是鲁班殿保存比较完整的"湘潭古城全景图"泥塑（图3.115）。此图长约5.2米，宽约0.6米，如长卷般将湘潭古城展现在人们面前。图由左至右分3个部分：左部为杨梅洲图景，市街房室，极具地方风格；中部为窑湾至古城城内图景，窑湾、唐兴桥、唐兴寺、石嘴垴的石壁、关圣殿的飞檐、万寿宫的高墙、大埠桥的石拱，凡三街六巷，均形色逼真。依次往前蜿蜒的城墙和观湘、文星等城门以及城墙上的城楼、垛口，清晰可辨。城墙外半边街的吊楼，高低起伏，鳞次栉比。右部为小东门至文昌阁图景，原文昌阁的全貌清晰可见。在这些景物下面，是浩荡的湘江，江面百舸争流，江岸码头历历在目。这些精美的雕纹采用浮雕与镂空雕相结合的方式，空间透视关系清晰，堪称湘潭古城的"清明上河图"，都极具文物保护价值，为游人寻古访幽增添了情趣。

图3.111　鲁班殿原貌
（湘潭市规划信息技术研究中心）

图3.112　戏台

图3.113　主殿封火马头墙

图3.114　鲁班殿入口门墙

图3.115　鲁班殿"湘潭古城全景图"泥塑

3.4.2　传统商业建筑——九如斋

清末民初，体现湘潭商业城市规模的南货、百货和洋货三大行业的零售百货店，大部分集中在十三总至十七总。湘潭本土南货商家有11家，江西帮4家，其中新泰裕、九如斋及大利生规模最大，均是前店后坊，自产自销；百货业有德珍、大丰利、同人利、谦益等店铺；洋货以德胜长店铺最为著名。要领略那昔日的繁华，只有存留十六总的百年老店九如斋。这是一栋三层青砖房，墙体为"一眠一斗"式构造，只有大门口"九如斋"三个大字完整保存着（图3.116）。

"三王街、三兴街、三泰街，三三得九九如斋。"这首湘潭民谣传递着人们对九如斋的记忆。九如斋是湖南老字号，曾是湖南糕点行业的代表。九如斋始创于1915年，创始人名叫饶菊生。九如斋的名字取自《诗经·小雅·天保》中的诗句"如山如阜，如岗如陵，如南山之寿，如松柏之茂……"，诗篇中连用了九个"如"，取"福寿延绵不断"的意思。九如斋对面是湘潭商药局（图3.117）的旧址，也是一栋高大的青砖建筑，比九如斋更加雄伟。这两栋古香古色的百年建筑，矗立在十六总街口，见证着那段车水马龙的繁华盛景。

图3.116　九如斋

图3.117　湘潭商药局

3.4.3　传统民居

传统民居是体现古城传统风貌最基本的单元。建筑布局多围绕天井或院落进行大进深布局，组织前厅、居室形成排状分布。临街民宅多为两层的下店上宅或前店后坊式格局。它们外观朴素、封闭，内部安静、祥和，内向的院落不仅提供户外活动天地，便于排水，夏季又可遮挡强烈阳光辐射，引导穿堂风，降低室内温度。粉墙黛瓦、高低错落的庭院共同形成了古城街坊传统民居朴素、内涵的整体美。如通济门巷10、12号民宅（图3.118、图3.119）。

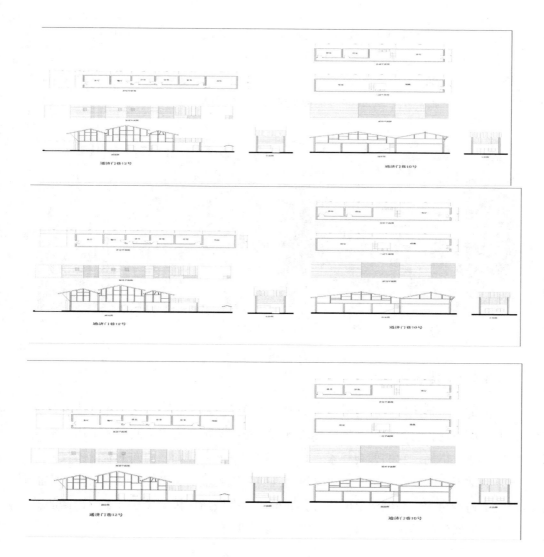

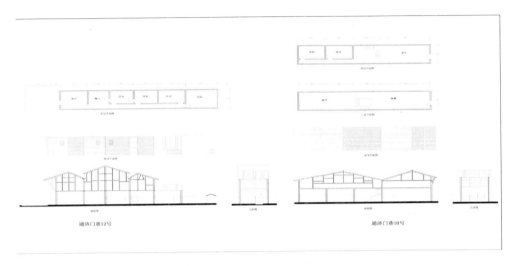

图3.118 通济门巷10号民宅平、剖示意图

（作者改绘自李新海学位论文《湘潭市历史街区保护规划研究》）

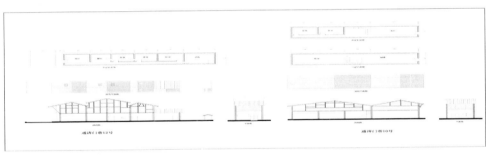

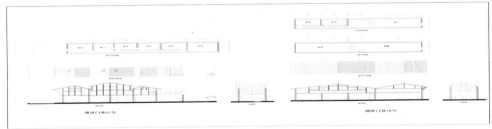

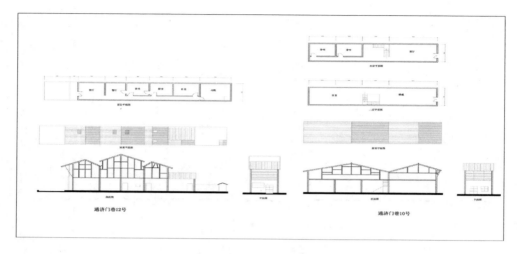

图3.119　通济门巷12号民宅平、剖示意图
（作者改绘自李新海学位论文《湘潭市历史街区保护规划研究》）

3.5　小结

　　传统历史古城具有空间结构的整体性，内部诸因素之间有机地联系在一起，这种有机关联和相互作用使各个因素共同构成完整的系统。曾有人比喻：湘潭古城犹如一条商龙，城正街是龙头，沿江各码头总市连成龙身，窑湾是龙尾。湘潭老城区的每座建筑、每一条街巷都不是孤立的，而是连续统一的空间环境当中的一个单元，它需要通过一定的空间结构、网络与整体中的其他单元进行对话，从而使其自身的形象得以完善。面对日趋失去特色的传统城市与街区，尽快把那些失掉了相互联系性并已失去活力和含义的城市要素进行调查、分析，把各部分组成单元与特色要素统一、整合起来，重现传统景观的"历史性"与"渐变性"等主旋律特征（不是简单的复古），延续历史的文脉，维护持续的演变，以体现城市的永久发展。

第 4 章

湘潭城市建设中码头文化继承
与老城区空间环境现状分析

城市空间环境的结构体系总是经历一个由自由阶段向自觉阶段的发展过程。在自由发展阶段，传统城市空间结构的演变更多地反映了城市发展在自然条件约束下的自然生长，这说明建立在社会生产力发展低下基础上的城市空间发展对外部条件依赖的局限性，同时充分体现传统城市空间结构有机顺应自然地理条件的和谐关系（图4.1）。随着社会的发展，人们改造环境能力的增强，使城市发展过程注入更多的人为控制因素，从自身最大利益的需要自觉地控制着城市空间结构的演变，也潜藏着背离城市自身发展规律的危险（图4.2）。

图4.1　自然条件约束下的老城区窑湾空间格局　　图4.2　小东门码头附近新建的新景家园小区
（http://bbs.rednet.cn /thread-14186369-1-1.html）　　　　　（湘潭市规划信息技术研究中心）

4.1　湘潭城市码头文化在城市建设方面的发展现状

以城市码头文化作为课题切入点来研究湘潭现代城市建设的发展现状，能够搭建历史文化传承的纽带，对码头文化作用下的城市地域特色进行较为全面和系统的分析。虽然早些年自发无序的开发行为已不再出现，城市建设在具体的地域性保护措施及实施上取得了一定的成果。但通过现场调研及对现有资料研究分析发现了如下诸多的问题：

4.1.1 传统码头功能衰退致使城市空间出现历史断层

自宋代开始，湘潭传统通商码头节点的经济活动高度活跃，促进了各地行帮商会围绕码头场所构建了规范的管理组织机构，集资兴建以地方帮会等为主体的会馆公所，商业的"聚集效应"吸引了来自本土或外地人们参与更为广泛的经济、政治、文化、宗教及民俗活动，前店后坊、下店上宅的商业性建筑及民宅相继应运而生，古城空间顺应湘江自然地理环境形成了独特的"以点、引线、带面"的城市空间形态，城正街成为连接各个重要商贸节点区域的重要纽带，同时通过"总"的街区划分有效地管理各行帮区域，勾勒出独具湘潭地域特色的"社区"雏形（图4.3）。

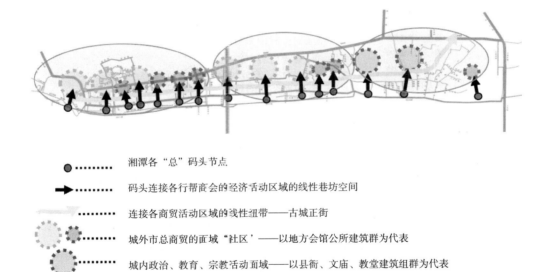

●·········· 湘潭各"总"码头节点

➤·········· 码头连接各行帮商会的经济活动区域的线性巷坊空间

·········· 连接各商贸活动区域的线性纽带——古城正街

·········· 城外市总商贸的面域"社区"——以地方会馆公所建筑群为代表

·········· 城内政治、教育、宗教活动面域——以县衙、文庙、教堂建筑组群为代表

·········· 分布在城内外最为活跃的居住活动面域——以传统民居建筑组群为代表

图4.3 传统码头文化"以点引线带面"构建老城区空间示意图
（作者收集并自绘）

新中国成立后经济高速发展促使传统水运逐渐被公路、铁路、航空运输所取代。如今虽然有少数码头因货运、客运需要沿用至今外，多数传统码头的物化遗迹难觅。与传统码头空间联系最为密切的会馆公所因社会快速变化而损毁消逝，保存较好的仅留下北五省会馆关圣殿（图3.15）；曾经辉煌一时的江西会馆

仅存夕照亭（图3.13）和牌坊（图3.12），湘潭河西湘江沿岸老城区呈现出与现代生活极不协调的松散凋敝状态。究其原因：一是传统码头物象功能无法满足当代人们的生活需求；二是传统码头运输动线衰退，无法构建多元文化碰撞交流的空间；三是缺乏大量"人"的参与，传统地域风俗及民间活动逐渐淡出人们的记忆。点的缺失导致动线活动频率的消逝，从而影响到城市空间各活动面域逐渐萎缩成"点"状分布（图4.4）。

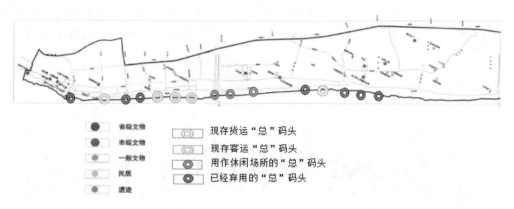

图4.4　传统码头功能衰退影响下老城区活动面域萎缩成点状分布示意图
（作者加绘自湘潭市河西滨江风光带及棚户区改造规划）

目前，除八总大步桥码头、十四总集装箱货运码头、十六总仓门前码头仍在承担大型货物运输业务，十八总大码头、十三总航运码头承担湘江往来客运服务之外，一总小东门码头已几近荒废，观湘门码头、通济门码头、九总护国寺码头已无踪迹，而十总万寿宫码头、十一总关圣殿码头、十二总码头原址（图4.5）则以船屋的形式由民间辟为松散型的市民休闲、水上餐饮场所（图4.6、图4.7），但基础设施、卫生条件和环境状况均无法提供营造良好休闲氛围的条件。

图4.5　十二总码头阶梯　　　　　　图4.6　十二总码头水上餐饮船屋

图4.7　十二总市民休闲场所

4.1.2　传统码头文化物化形态的保护面临前所未有的挑战

湘潭之所以被誉为明清时期"小南京""金湘潭"，是与它的码头贸易分不开的。传统码头文化是湘潭城市文化的重要组成部分，其物化形态主要表现为节点码头、线型街巷、建筑面域肌理及老城空间体量形态结构四个方面。传统老城空间整体形态形成于古代经济高度发展和多元文化的交流融合，其发展速度往往因经济活动衰退而趋于停滞。

　　传统节点码头是码头文化物化表现的文化符号，石条垒筑的湘江码头、堤岸的台阶、拴船桩、泊船和油亮的青石块等（见图4.8、图4.9、图4.10）均具有较强的文化承载力。传统老城区"鱼骨状"线型街巷曾经的繁荣刺激了各个商业、会馆、住区、庙会等文化场所的兴起，诞生出湘潭特有的码头文化，影响着整个城市的文化气质。湘潭老城区面域肌理以大面积高密度的传统民居为主体，是传递历史或区域文化信息的典型符号，既有时代的印记，又是历史的见证。

图4.8　十二总码头拴船桩及缆索　　　　　　　图4.9　青石板台阶

图4.10　渡口泊船

　　经历20世纪战火摧残，湘潭曾经的繁华街坊商业精华已满目疮痍。"大跃进"和"文革"期间对历史文化遗产的保留价值缺乏认识，造成对传统街区及其历史遗存的人为毁坏。改革开放后，随着社会经济的快速发展和城市化进程步伐的加快，城市发展与传统保护一直处于拉锯博弈中，开发商盲目追求最大经济利益，致使在近10年的湘潭城市发展过程中出现许多自发、盲目、无序的开发行为，导致延续多年的传统地域风貌难以持续保持。熟悉的码头的消逝，抹去了人们的记忆和城市的历史，同时老城区整体建筑空间的建设没有有机地秉承当年的文脉，街巷整体风貌正逐步消逝。针对人们记忆中的湘潭传统码头调研结果进行分析，了解仅有15%因工作关系与码头有密切关系，同时人们都认为湘潭的历史、存留的街巷及民俗与码头有着千丝万缕的联系（表4.1）。有50%以上居民对十八总大码头、大埠桥码头、十三总航运码头、十四总码头和杨梅洲码头记忆尤为深刻（表4.2），认为"总"、文物建筑、街巷、地方特色小吃、传统老字号等最能体现湘潭地域特色（表4.3）。

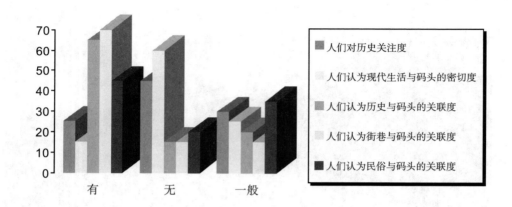

表4.1　湘潭传统码头文化印象的老城区居民调查分析图表①

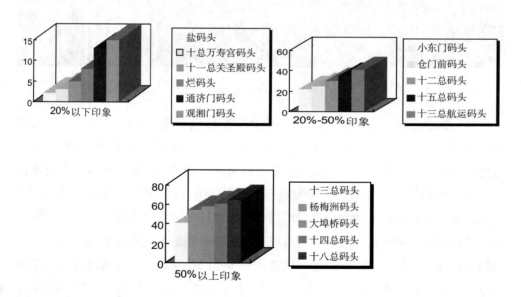

表4.2　湘潭传统码头文化印象的老城区居民调查分析图表②

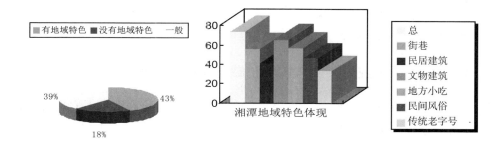

<table>
<tr><td>有地域特色</td><td>没有地域特色</td><td>一般</td></tr>
</table>

总
街巷
民居建筑
文物建筑
地方小吃
民间风俗
传统老字号

湘潭地域特色体现

39%　43%　18%

表4.3　湘潭传统码头文化印象的老城区居民调查分析图表③

4.1.3　湘潭传统码头文化的人文特征彰显不足

城市历史是通过诸多载体如诗歌、绘画、建筑、语言、音乐、人文、风俗——传承和延续下来的，流给后世是永久传诵的神话、典籍、故事、民俗活动，成为铭刻在人们心中永久的记忆。在满足日益增长的物质需求的今天，人们对精神上的心灵回归渴望也日趋强烈。作为时空载体的码头及其传统空间环境在城市文化的传播中扮演着越来越重要的角色，一方面由它所传达的历史脉络清晰而直观，另一方面不可再生性使它更加弥足珍贵，因此在世界范围内历史保护工作由起初的单个建筑空间向街区、村落广泛辐射。在当今多元文化环境下湘潭城市建设者们正在以历史的态度和眼光来解读传统建筑与场所，使历史保护工作得以有效地实施，但大多停留在片段与局部的保护阶段，阻断了地域文化的传播途径。也许人们知道单一文物建筑如鲁班殿的历史价值，而其背后的风俗民情、人文故事却鲜为人知。

湘潭历史悠久、文化底蕴深厚，是著名的湖湘文化发源地。湘潭人杰地灵，素有伟人故里、名人之乡之美誉，这里哺育了毛泽东以及彭德怀、陈庚、黄公略、罗亦农等老一辈无产阶级革命家和世界文化名人齐白石。湘潭仁人志士无不以修身、齐家、治国、平天下为其人生目标，在历史的长河和岁月的跌宕起伏中，在多元文化碰撞的湘潭古城暂留下了他们的足迹，至今还保留了秋瑾故居、彭德怀避难处、刘道一烈士祠等省、市级重点文物保护单位等文化资源。湘潭人文资源数量多、分布广、特色鲜明、文化品位高，有大量独具地方性的民间传唱说词——竹枝词、地方花鼓戏、影子戏、地方方言、民俗故事；曾影响湘潭人饮食文化地域特色形成的特产龙牌酱油、灯芯糕、槟榔等地方美食文化在当今西方快餐文化环境的夹缝中等待挖掘、整理和传播。

4.1.4　湘潭传统码头文化的保护缺乏文化产业作支撑

发展文化产业是市场经济条件下保护和发展传统文化、满足人们日益增长的精神需求的重要途径。湘潭是历史文化名城、中国书法名城、中国优秀旅游城市，在辗转兴衰的发展历程中形成独特的地域文化和民俗民风，经过历史筛选留下的湘潭传统码头文化资源富有独特的地方性和唯一性。文化资源的地域性和唯一性程度越高，越是城市发展文化产业、打造文化品牌和占有文化产业市场的有力保障。

湘潭自古就是中原带来的农耕文化和湘江水运商贸文化共同作用下的商业消费型城市，具有良好的传统文化资源基础。由于老城区的整体经济功能衰退，使传统文化资源的挖掘和利用不充分，老城区的商业经济资金匮乏档次低，基础设施尤其是配套服务设施薄弱，文化市场不活跃，缺乏文化消费导向的引领，更缺乏文化产业创新机能。同时，文化资源分散，集约化程度不高，无法将传统码头文化资源深化挖掘并转化为产业资源，因此，缺乏文化产业作支撑，传统文化的保护和传播途径遭遇瓶颈。

4.2　湘潭老城区空间环境与城市规划的发展现状

4.2.1　湘潭老城区空间环境发展现状

湘潭市老城区在河西沿湘江呈带状分布，水路交通便利。河西沿江自古就具有自然地理与人文历史的两大资源优势，有着陶公山、陶侃墓、何腾蛟墓、唐兴桥、望衡亭、秋瑾故居、文庙、关圣殿、刘道一烈士祠、抗日阵亡将士纪念碑、潭宝公路汽车站旧址等众多历史文物，虽然相对完整地保留了湘潭古城的街巷结构和以成片民居建筑组群为主体的湘潭地方传统商业居住街区特征，较清晰地展现了明清时期老城区空间环境历史风貌，但从20世纪90年代进入改革开放的高潮后，湘潭大量历史街区已经面临严重的危机。面对发展的主题，悠久的历史反而成为街区发展的绊脚石——历史建筑破旧、损毁严重，居住环境低下，公共服务、卫生设施不全，传统道路格局无法满足现代交通的需要，等等。由于缺乏对城市文脉和街区特色的足够重视，无序的旧城改造不断造成大量历史建筑的破坏和传统街区风采的丧失。

4.2.1.1 湘潭老城区街巷空间面临整体性破坏

湘潭市老城区街巷空间仍沿袭传统"三横九纵"格局，具有完整紧凑的传统商业街空间特征，表现为狭窄的街廓比例和连续的街巷界面，街巷蜿蜒曲折，空间层次丰富，体现出以人为本的步行空间尺度。道路广场用地所占比例为13.33%，道路网密度较高，反映了老城区道路宽幅较小的特征。

近几年居民拥有机动车的速度与日俱增，往来城区的交通流量大，作为城区主要街道，城正街北接城市主干道熙春路，南临沿江东路，其路面宽度4米明显不能满足日常交通需求。为了解决城市交通压力和满足高速快捷的交通需求，通过实施拓宽泗洲路（图4.11）和柏荫路（图4.12），建设穿越老城的交通干道，破坏了老城区空间格局和街巷肌理（图4.13），造成无法弥补的损失。街巷沿街建筑多以下店上宅或前店后坊砖木结构商铺为主，空间形态独具湘潭地域特色，由于年代久远疏于维护而破败不堪。诸多新建的多层商住楼或违章建筑穿插其间，建筑层数、材质、色彩等方面与传统建筑风格极不相称，对临街建筑立面整体效果造成不良视觉感官（图4.14）。

图4.11 穿越老城区的城市主干道泗洲路　　图4.12 穿越老城区的城市主干道柏荫路

 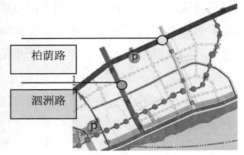

图4.13　穿越老城区城市主干道示意　　　　　　图4.14　与传统风格冲突的临街建筑
（湘潭市规划信息技术研究中心）

4.2.1.2　湘潭老城区居住空间现状堪忧

1. 建筑年代现状分析（表4.4）

湘潭河西历史街区的街巷结构约成型于明清，但大多数新中国成立以前建的传统建筑都已经被拆。从图表中可以看出，老城区大部分建筑为新中国成立后兴建的建筑，占总比例的85%以上，其中有32.05%的建筑建于20世纪50—70年代间（图4.19、图4.20），这类建筑以民宅居多，为传统砖木结构双坡屋面（图4.18），建筑风格与传统建筑相似，但质量较差。比例最大的是建于20世纪70—90年代间，建筑形态与传统建筑风格极不相称，以多为"见缝插针"式多层住宅为主（图4.21至图4.23）。90年代后期建造的建筑为一定规模的小区住宅楼，行列式的现代布局方式影响了传统城区空间的整体格局（图4.24至图4.26）。新中国成立以前的传统建筑尚只有14.43%，这类建筑以保护较好的宗祠建筑、文庙建筑、会馆建筑和保存较为完整的民宅（图4.15、图4.16）及商业建筑（图4.17）。

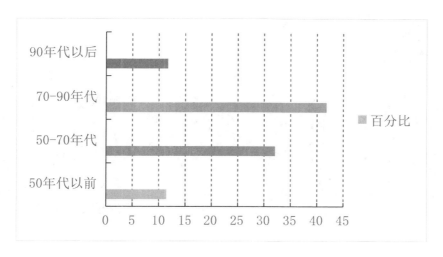

（数据来源：湘潭市规划信息中心）

表4.4 湘潭老城区建筑年代比例表

图4.15 关圣殿1号民宅
（50年代前建）

图4.16 由义巷民宅
（50年代前建）

图4.17 杨振兴木行
（50年代前建）

（湘潭市规划信息技术研究中心）

图4.18 南步社区民宅
（50—70年代建）

图4.19 由义巷住宅
（50—70年代建）

图4.20 老县政府招待所
（50—70年代建）

图4.21　平政路插建住宅　　　图4.22　中山路插建住宅　　　图4.23　城正街独立式住宅
（70—90年代建）　　　　　（70—90年代建）　　　　　（70—90年代建）

图4.24　香樟园南院高层住宅　　图4.25　新景小区高层住宅　　图4.26　新景小区多层住宅
（90年代后建）　　　　　　　（90年代后建）　　　　　　（90年代后建）

2. 建筑质量评价分析（表4.5、表4.6、表4.7）

表4.5 湘潭老城区建筑质量评价等级分析表

建筑质量评价等级	建筑质量完好程度	现存建筑类别
一类建筑	完好	·八九十年代新建的砖混结构建筑，包括联排式和独立式住宅、公共建筑。 ·已经经过整修的文物建筑。 ·沿街部分在转换功能中整修得较好的传统建筑。
二类建筑	大部分完好	·新中国成立后至八十年代兴建的砖混结构建筑中维护得较好的建筑。 ·部分日常维护得较好的传统木构建筑（大多建于民国初年）。原有建筑风貌基本保留，但门窗已经破损，墙体也有不同程度的破坏。
三类建筑	质量尚可	·墙体严重倾斜，屋顶破损严重。 ·违章搭建的简棚。
四类建筑	危房	建筑严重破坏，无法正常使用。

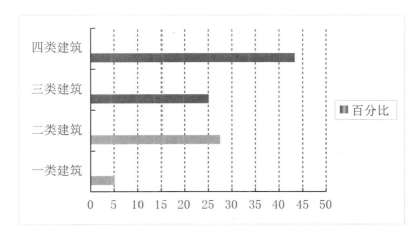

数据来源：湘潭市规划信息中心

表4.6 湘潭老城区建筑质量评价等级比例表

从上述图表数据分析得出：80、90年代建造的房子大部都质量完好，或大部分完好，但在风貌、体量、形体和构件等方面和传统建筑空间相冲突，如不加以及时控制将对古城风貌造成极大的破坏。新中国成立前后的建筑，特别是老县政府办公、接待等建筑，曾是华国锋、胡耀邦等领导人工作生活过的地方，具有一定历史和文化价值。明、清、民国的建筑中，除整修过的文物建筑质量达到了一类之外，在历史街区内的明清建筑的质量多为二类和三类，少量是危房，需要尽快采取措施加以保护修缮。

从图表中可以看出，街区内三类、四类质量建筑占大多数，这部分建筑主要为街区内大量没有修过的住宅。

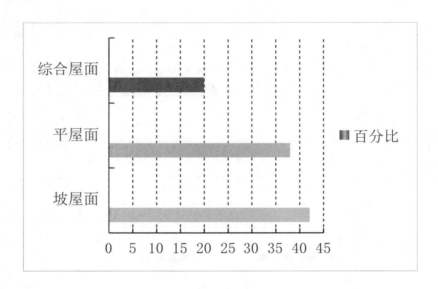

数据来源：湘潭市规划信息中心

表4.7　湘潭老城区现存建筑屋面形式比例表

3.居住人口现状分析

老城区人口总计5.1万人，洗脚桥社区和鲁班殿社区的人口密度最大，均超过了7万人/平方公里；南步社区因雨湖公园占有大部分面积，所以该社区人口密度最低，只有7483人/平方公里。根据相关数据分析了解到老城区居民有明显老龄化的倾向，如窑湾区65周岁以上（含65周岁）为11.8%，属于老龄化社区（图4.26、图4.27）。湘潭老城区中大量年轻人因老城区落后而缺乏活力而选择出城打工或定居，由此老城区逐渐成为低收入居民聚集的地段，社会问题突出。

图4.27 窑湾社区老人　　　　　　　　图4.28 由义巷老年人活动

4. 居住建筑现状分析

河西沿江老城区包括雨湖和窑湾街道的部分社区，其居住用地总共73.20公顷。平行于河街的联体式商铺和垂直于河街的院落式民居、吊脚楼形成密实的街坊肌理或村落，建筑密度高达70%，形成了富有地域特色的老城空间肌理。从居住建筑条件质量上看，窑湾、老长城城正街区大部分是属于通风采光条件不好，卫生设施不全的新中国成立前建造的房子，甚至有的是历经一二百年的老屋，年久失修，且多数已不能满足现代人的居住要求。居民房屋结构多为砖木结构，在街区内部有80年代后建公房，但其外观多与本区域的整体风貌景观不相协调。由于建筑的布局没有因为人口的变迁，以及家庭结构的变化而有所调整，因而部分住宅相当拥挤，而有的则仅有老人居住。从居住环境上看，缺乏公共的整治较好的绿化用地和公共交流空间，虽部分民宅内部有宅内天井（图4.29至图4.31），尺度宜人，但由于年久失修、基础设施不完善使之无法满足正常生活环境要求。沿街店铺过去为前店后宅的形式，但现在前面虽是店铺，后面和楼上则空置着，破败不堪（图4.32、图4.33），街区一到晚上，街上异常寂静，没有生活气息。即便如此，在调研过程中有60%以上的居民认为自己所居住的街区具有保存价值，57%的居民不愿搬离老城区，只有18%～27%的居民认为应该将老城区拆除新建一个全新的现代化居住区（表4.8）。因此，改善居住条件，提高街区活力，使老城区成为大家都愿意居住的具有传统文化内涵的街区，是摆在每位城市建设者面前的重要课题。

图4.29　传统民宅天井①　　　图4.30　传统民宅天井②　　　图4.31　传统民宅天井③

图4.32　传统临街店铺①　　　　　　图4.33　传统临街店铺②

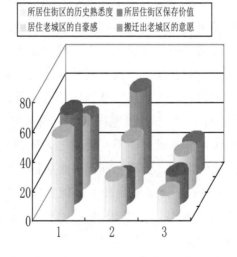

表4.8　湘潭传统码头文化印象的老城区居民调查分析图表④

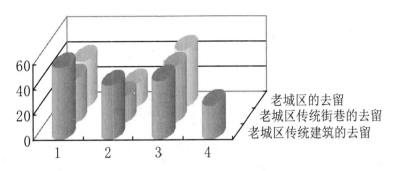

表4.9 湘潭传统码头文化印象的老城区居民调查分析图表⑤

4.2.1.3 湘潭老城区商业空间发展现状

河西老城区市级商业金融中心主要位于雨湖路和中山路一带,同时在不少城市道路两侧有大量底层商业铺面分布。老城区分布有各类综合和专业商业市场,按商业分布频率由高到低依次为:生活日用品店(包括日用杂货店、自行车店、理发店等)、传统特色商业如餐饮、旅馆。部分农贸市场占道经营,既影响购物环境的改善,同时又干扰城市交通,中山路因为货运车辆的经过而对商业经营氛围带来了极大的破坏。

城正街和窑湾为传统建筑风貌保存较为完好的聚集区,其中城正街区内如板石巷、三义井尚保持了一定的旧城格局和风貌,但有许多商店经营内容与建筑风貌不协调;也有一些商店形态沿用了地方建筑的传统风格,但这类商店数目较少,没有形成河西的主导商业氛围。餐饮业及旅馆业及配套设施不足,总体服务和质量水平较低。因此,老城区商业街区没有得到很好的开发利用,历史上精彩的传统商业文化没有得到充分的挖掘。

4.2.1.4 湘潭老城区公共设施发展现状

湘潭老城区内现有的公共服务设施布置较为密集,其现状特征主要表现在以下几个方面:一是行政办公等机构较多。拥有如湖南科技大学南院、县人民医院、工人文化宫等公共设施;二是行政办公用地发展用地局促,办公出行和居民出行、商业购物之间相互干扰严重，行政中心不集中，办公效率低，不能适应现代化城市的高要求；三是文化体育设施虽有一定基础，如：工人文化宫（图4.34）、图书馆（图4.35）、群众艺术馆、歌舞剧团、体育馆（图4.36）等，但是社区级居民文化娱乐设施不足，特别是老年人活动中心。现雨湖八仙桥附近是城内老年人口活动中心地带，相应的公益性设施尚有待完善。

图4.34　工人文化宫　　　　图4.35　湘潭市图书馆　　　　图4.36　湘潭体育馆

4.2.1.5　文物建筑保护风貌

悠久的历史沉淀了丰富的文化遗产，湘潭城区存留着一大批反映地域历史文化特色的古代和近代建筑，包括民居、商铺、作坊、教堂、墓园和名人故居。目前，湘潭老城区范围内拥有2处省级文物保护单位、10处市级文物保护单位和10处不可移动文物。这些文物遗存独具历史及人文特色，如有近千年历史的石拱桥——唐兴桥、辛亥革命著名烈士秋瑾故居、国内现存最完好的镂空汉白玉柱雕——关圣殿、抗日阵亡将士纪念碑、湘潭潭宝汽车站等。

表4.10　湘潭老城区现存的各级保护文物列表

文物保护级别	文物名称	所在区域	人文典故	现存实景照片
湖南省文物保护单位	关圣殿	平政路	清初，由山西、山东、陕西、甘肃、河南五省驻潭商人集资兴建，故又称北五省会馆。现只留下主殿春秋阁，有国内现存最完好的镂空汉白玉柱雕。	

续表

文物保护级别	文物名称	所在区域	人文典故	现存实景照片
湖南省文物保护单位	潭宝汽车站	窑湾	修建于新中国成立前的潭宝公路，即现在的320国道湘潭至邵阳段，是全国最早的公路之一，为15米直径青砖砌筑的圆形站房。	
湘潭市文物保护单位	唐兴桥	沿江西路	以邻近唐兴寺而得名，是湘潭市现存最古老的石桥。桥身系单孔石拱结构，净跨12米，宽6天，桥身至今保存以石雕小狮、小象、小鹿、小兔等，形态生动逼真。	
	陶侃墓	沿江西路壶山	晋时著名将领陶侃曾驻兵于此，故壶山改称"陶公山"。邑人为纪念他，在他生前住过的壶山建衣冠墓。	
	何腾蛟墓	沿江西路壶山	抗清名将何腾蛟衣冠墓。于1700年修建，1921年（民国十年）重修。	
	望衡亭	沿江西路陶公山	1932年建于湘江岸边的石嘴垴上。系全麻石结构，亭以石为基，凭栏四顾，江干风景，掩映眼中。望衡亭现已改建。	
	秋瑾故居	雨湖区由义巷	辛亥革命著名烈士秋瑾故居——"义源当"，1896年秋瑾与当地的王延钧结婚，由义巷的"义源当铺"就是王家开设的。秋瑾在这里度过了八个年头，生育了一男一女。目前仅剩下临街房屋一间，建筑已改为砖混结构。	

续表

文物保护级别	文物名称	所在区域	人文典故	现存实景照片
湘潭市文物保护单位	江西会馆牌坊	平政路	清顺治七年（1650年），江西商人于现址建许旌阳祠，并题门额"万寿宫"，即江西会馆。其建筑为园林式布局，由门楼牌坊、春秋阁、正殿、花园等部分组成，为湖南清代园林富丽之作。现仅存水阁亭和门楼牌坊。	
	抗日阵亡将士纪念碑	城正街	1938年7月抗日战争爆发一周年之际，为纪念浴血奋战的抗日阵亡将士而建。1985年拆除重建。整个建筑庄严、肃穆。	
	文庙	城正街	文庙始建于南宋，原址在小东门侧，元时毁于兵祸，明迁建于瞻岳门之东侧现址。建筑庙宇红墙黄瓦，气势宏伟，由奎星门、东西两坊、大成门、钟鼓亭、大成殿组成。现在属湖南科技大学用地。	
	刘道一烈士祠	城正街	1913年3月孙中山颁令确定将清代原县守备衙门修建为"刘道一烈士祠"。孙中山赠挽诗："半壁东南三楚雄"。刘道一烈士祠原有房屋前后四进共40余间，现尚存最后一进7间。	
	唐氏义门	板石巷	明永乐二年（1404年）湘潭大饥，县人唐礼率族众捐谷米万担，救济湘潭、湘乡、攸县、醴陵等处饥民，四邑联合上报次年奉旨建唐氏义门于县城板石巷。	

续表

文物保护级别	文物名称	所在区域	人文典故	现存实景照片
不可移动文物	江山胜迹	沿江西路	1921年为了纪念民族精英陶侃、何腾蛟，在望衡亭旁迤的石嘴垴山上为他们修建了衣冠冢，在临江的山崖边由名噪一时的朱德裳题写了"江山胜迹"四个遒劲大字。"文革"期间用水泥覆盖施以保护，"江山胜迹"才得以重见天日。	
	宽裕行	十八总窑湾	为一栋明清时的古建筑。1910年，少年毛泽东在此间米店学徒半年之久，后去湘乡东山学校高等学堂学习，然后赴长沙投湘军。	
	夕照亭	雨湖公园	原为江西会馆后花园。	
	湘潭故城	喇叭街口	因军事防御、商业管理和行政划属需要，湘潭县于明万历四年（1576年）开始筑土城，清乾隆二十五年（1760年）将之改建砖城。现存部分砖砌城墙，高1.5米、宽0.8米。	
	基督教堂	城正街	1909年由来自德国内地会的传教士兴建，同时建了医院和学校，以传播基督教义，吸收教徒，帮贫扶困。"文革"时期遭受严重破坏。20世纪80年代，由湘潭市的基督教友在省宗教局的帮助下进行维修，并使用至今。	
	南楼	城正街老县政府	宋代至民国时期的县属原址，是原中共湘潭县委会，彭德怀、华国锋、胡耀邦的旧居。	

续表

文物保护级别	文物名称	所在区域	人文典故	现存实景照片
不可移动文物	毛福昌号	城正街	湘潭城内特色老字号。它是毛泽东早年在长沙求学路过湘潭经常驻足和居住的地方。此房屋现为三家居住，门牌号分别为城正街174号、176号、178号。	
	三义井	城正街	湘潭城内有名的一处地名。原为何氏家井，因割以利人而称为"义井"。三义井一直使用到20世纪七八十年代，现已被封闭，井口石存留。	
	东岳庙	沿江东路	东岳庙始建于元朝末年，距今已有700多年的历史。曾国藩、左宗棠等历史名人曾出巨资对古庙进行修缮维护，是我市唯一成规模的道教基地。现已被拆除，拟异地重建。	

资料来源：湘潭市规划信息中心

湘潭河西沿江地区水陆交通方便，民俗文化丰富多彩，景色怡人。明清间，湘潭城市街道大部分建筑毁于兵火与水灾。延至20世纪50年代，原有城门被全部拆除，明清时期街道多数随城建规划而拓宽成马路，老式住宅被逐渐改变成现代楼房，古代建筑所剩无多。唯有窑湾和城正街街区至今仍保留了部分传统街道的布局、风格和建筑形式。在传统商业城区漫长的演进过程中，由于社会的变迁，出现了一些没有社会文化根基且不符合群众情感要求的现代元素，使现存许多具有历史真实性的传统地域风貌正在逐步消失，取而代之的是贴着现代化标签的毫无历史文化底蕴的"新生代面孔"。近年来湘潭市政府十分重视历史文化名城的保护工作，采取了一系列保护措施，有效地保护了古城的风貌。但随着社会经济的发展，古城中滞后的基础设施、狭小的建设空间，束缚了城市的发展，保护与发展的矛盾日显突出，古城风貌、传统街巷、民居和文物史迹的保护面临严峻挑战。调研中54%以上的居民认为应该注重城市历史文脉的延续，同时认为政府应该加大投入改善老城区的设施与环境，把老城区建设成集居住、旅游、特色产业服务于一体的独具地域特色的宜居环境。

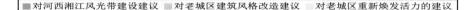

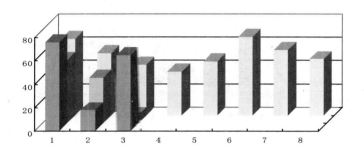

表4.11　湘潭传统码头文化印象的老城区居民调查分析图表⑥

4.2.2　湘潭老城区规划的发展现状

4.2.2.1　湘潭老城区规划的发展及实施进程

2005年经湘潭市人大批准的《湘潭河西沿江旧城保护与更新规划》确定了老城区总体功能结构为"三带五区"，通过对旧城文物、原有城市格局、街坊肌理、河街空间的保护，制定了河西沿江老城区改造的目标与原则，在三年的实施过程中主要采用保护为主、局部改造，以小面积分散模式开发，有效地指导了河西旧城建设，使老城区基本保持了传统的空间结构及建筑肌理。2007年中国政府正式批准湖南省"长株潭"城市群为资源节约型和环境友好型的社会建设综合配套改革试验区，是全国仅有的6个试验区之一。作为长株潭一体化建设规划中湘江风光带组成部分，将湘潭老城区定位为湘潭历史文脉滨江城区并良性更新开发（图4.37）。为贯彻执行"资源集约型、环境友好型"的发展思路，湘潭市城市建设投资公司对河西旧城城正街片区完成了项目的整体包装和招商引资工作，委托湘潭市规划信息技术研究中心对整个湘潭河西沿江旧城保护与更新规划进行修改。

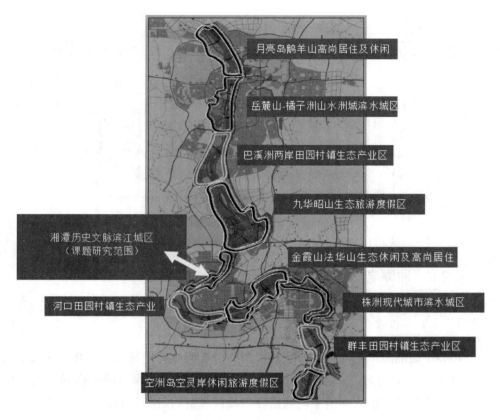

月亮岛鹅羊山高尚居住及休闲

岳麓山-橘子洲山水洲城滨水城区

巴溪洲两岸田园村镇生态产业区

九华昭山生态旅游度假区

湘潭历史文脉滨江城区
（课题研究范围）

金霞山法华山生态休闲及高尚居住

河口田园村镇生态产业

株洲现代城市滨水城区

群丰田园村镇生态产业区

空洲岛空灵岸休闲旅游度假区

图4.37　长株潭城市群湘江风光带功能定位图
（湘潭市规划信息技术研究中心）

　　2008年5月湘潭市雨湖区人民政府提出关于申请优化河西沿江旧城区域控规设计的报告开始，通过历时一年半的深入调研、座谈、评审、审核程序，于2009年12月湘潭市人民政府第37次常务会议审议通过《湘潭河西沿江旧城保护与更新规划（修改）》的议案。湘潭老城区更新改造规划设计范围为西至原汽车西站东，东至新景家园，北至人民路、雨湖路、熙春路的滨江地带，全长4.3km，总面积为212公顷。除文物古迹以及近三年新建的以及必须保留的房屋外，基本全部拆除重建（图4.38）。初步统计需拆迁房屋214.2万㎡，涉及居民5.1万多人。开发运作模式为统一规划、总体开发、配套建设、分步推进。该议案由湘潭市规划建筑设计院主持设计，从湘潭河西沿江旧城保护与更新规划的容积率、交通组织与设计、滨江风光带建设、文物古迹及历史街区保护等四个方面进行了专业论证，对老城区大量现状基础资料进行细致的整编，提出了湘潭老城区规划的初步构想并开始逐步实施。

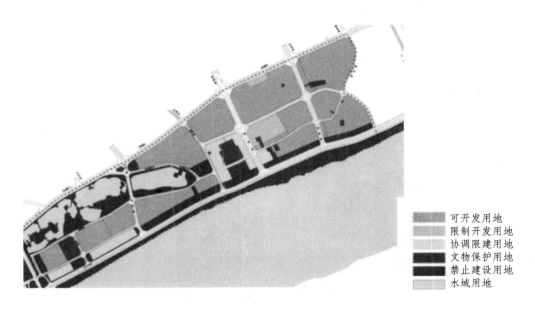

可开发用地
限制开发用地
协调限建用地
文物保护用地
禁止建设用地
水域用地

图4.38　湘潭河西—大桥以东沿江旧城改造规划图
（湘潭市规划信息技术研究中心）

1. 老城区改造规划容积率将大幅度提高

从权衡政府、开发商以及市民三方利益出发对湘潭河西沿江旧城改造规划容积率进行合理性论证，主要体现在土地利用强度如何给三方带来合理效益：

（1）市民利益需求角度

为市民提供正常的居住、生活、游憩、交通四大功能空间，采用高容低密保证人们的居住和生活环境品质，同时维护历史文化遗产，保护文物古迹，留出刚性空间，规划论证毛容积率上限为2.88。

（2）开发商利益需求角度

对于老城区更新改造的开发项目，土地征收及房屋拆迁等费用高昂，开发商需要承担多方面的经营风险，而其商业行为的动力来源于在开发项目中获取的利润。因此开发商只有通过压缩开支，高效运作，适当降低预期设想容积率，才能实现资源的节约利用。通过经济概算，为保证开发商的合理利润，规划论证合理毛容积率为3.38。

（3）政府利益需求角度

城市的更新建设目的是改善城市面貌，繁荣城市经济。政府充当协调者，统筹兼顾三者利益，协调三者矛盾，实现三者共赢的局面。

综合评价三方利益及城市传统历史风貌能持续保持，得出规划范围可建设用地合理毛容积率为2.88（图4.39）。

图4.39　湘潭河西一大桥以东沿江旧城改造规划局部效果图
（湘潭市规划信息技术研究中心）

2. 着重老城区滨江风光带的特色塑造

湘江生态经济带作为"长株潭"城市群地区的生态绿谷、景观项链、经济走廊，湘潭市滨江地段的生态与经济发展将起到带动作用，也对滨湘江两岸地区的发展提出了新的要求。滨水地区作为城市极具开发价值的经济社会载体和极具吸引力的环境载体成为城市建设的热点，老城区滨江风光带规划理念为改善城市形象、提高城市品味，强调滨水空间对城市形态的重要性，提出了"水健康、水景观、水文化、水经济、水安全"打造生态休闲、历史文化、商务、饮食娱乐"四位一体"的高品位综合功能区（图4.40）。滨水规划定位壶山公园为生态及历史文物景区，中山路商务区、雨湖娱乐饮食区、城正街为历史文化区（图4.41），以带动老城区经济复苏，同时构筑良好的城市空间，塑造富有特色的城市景观，改善居民生活环境与条件。

图4.40 湘潭河西老城区改造规划滨江天际线示意图
（湘潭市规划信息技术研究中心）

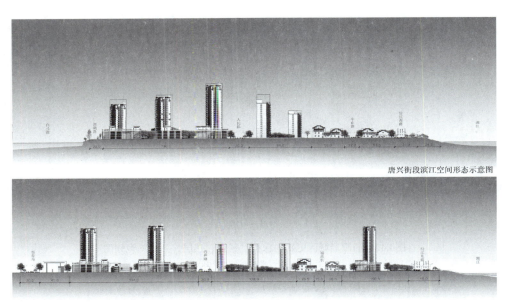

唐兴街段滨江空间形态示意图

城正街段滨江空间形态示意图

图4.41 湘潭河西唐兴街、城正街滨江空间形态示意图
（湘潭市规划信息技术研究中心）

3. 着重打造地域性的历史文化旅游街区

湘潭老城区更新与保护规划扣构建"三点、三层、三片"整体空间形态（图4.42），保护框架的结构包括节点、轴线、区域三部分以及它们相互间的有机关系所共同构成的街区景观特色。提出以望衡亭（上游）、万楼（下游）、宝塔（中游）为主体的重要"三节点"保护，以人民路（后街）传统商业轴、中山路（正街）特色生活轴、沿江路（河街）湘江景观轴为重要"三层"轴线保护，城正街（政治中心）、八至十八总（商业中心）、壶山片（旅游交通中心）为主的地域性"三片"特色街区保护。通过沿老街店面、文物古迹等空间载体（图4.43），结合商贸文化旅游业发展的要求，开发当地的优秀传统商业，以带动优

秀传统文化艺术、优秀传统工艺、优秀传统美食文化等内容的发展，再现昔日湘潭地区商业发达且文化气息浓郁的滨河街市景象。

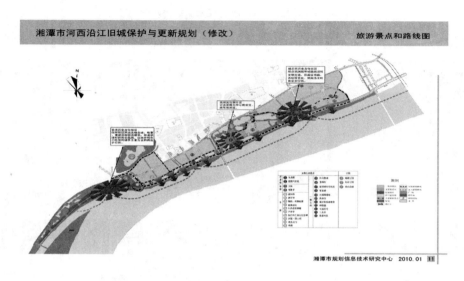

图4.42　湘潭老城区更新与保护"三点、三层、三片"规划图
（湘潭市规划信息技术研究中心）

图4.43　湘潭河西老城区文物古迹保护规划图
（湘潭市规划信息技术研究中心）

4. 着重建设三线立体交通空间

从规划区域的人口分布、就业岗位分布、居民出行需求及出行方式比较、机动车辆出行需求、路网测试比较等方面进行分析，要达到高容积率的开发规模，老城区改造规划初步预计整个区域按规划建成后将拥有约8万人口和约3万辆汽车（这个数字已接近湘潭市现有的汽车拥有量，还不包括外来车辆）。将采取加密路网和科学管理相结合的办法解决交通问题，构建"三横七纵"骨干路网体系（图4.44）。结合地下车库开发，建立地下车行通道，通过地面交通与地下交通的合理组织，形成"双棋盘"格式。与交通需求管理结合，综合考虑道路容量和用地要求，适当控制停车供应规模；停车泊位以路外停车场库为主体，地下停车库作为重要补充（图4.45）。

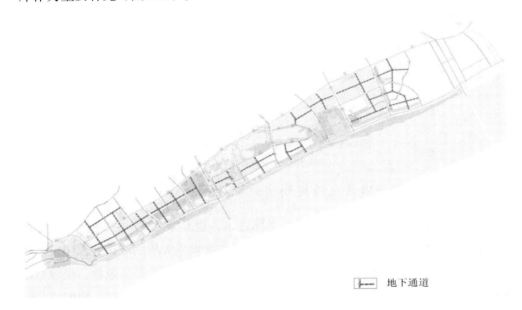

地下通道

图4.44　"三横七纵"骨干路网体系图
（湘潭市复划信息技术研究中心）

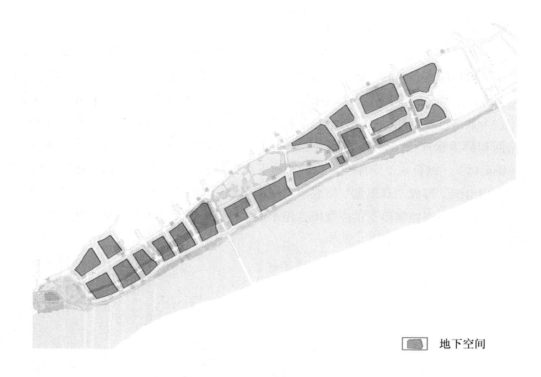

地下空间

图4.45　各开发单元地下停车场分布示意图
（湘潭市规划信息技术研究中心）

4.2.2.2　湘潭老城区改造规划实施中存在的问题

湘潭老城区是城市之根、地域性文脉之本，也是众多文物古迹、传统建筑及街巷聚集的聚宝盆。大部分西方国家对毁于二次世界大战的城市及古建筑，都是按照原貌重新修复或改造，并以此获得巨大的社会效益和经济效益，很多城市60%以上的收入来自无污染工业和越来越多的国际观光客，这些都是我们值得借鉴的。

老城区建筑空间环境是当地居民在漫长的历史中建造起来的，由街道两边的建筑界面创造出老城区内部有庇护性的空间，只有原住居民在那里居住，才能达到自身本质的实现，老城区建筑空间地域性才能得以传承。20世纪60年代欧美实施大规模拆除性的城市更新改造引发的反思，简·雅各布斯在《美国大城市的生与死》中，"告诫实践者们应更加注意多样的、更小规模的街区建设规划，并更深入地领会现有邻里组织的迷人之处及功能合理性"。马丁·安德森在《联邦推土机》中呼吁"因大规模拆除的高成本与低效率,应该废除整个拆除计划"。湘潭正在实施的看似有意识、有计划地将老城区改造更新为新的城市功能分区,其实质是以综合性再开发、大规模拆除以及适应汽车时代的道路建设使湘潭城市地域性文化活力进一步丧失,瓦解传统街区生活和交往的历史模式。

由于老城区更新改造方式耗资巨大,政府在资金上依赖商业性的房地产投资,导致改造项目受制于房地产开发商,以开发商看重的"商业价值高低"来论证改造项目的可行性。其次,大规模改造采取简单化的"一刀切",忽视古城(遗迹)、古建筑及已形成的历史城市形象,不考虑历史文化的延续。不仅破坏了湘潭老城区历经数百年形成的复杂的社会经济环境和地域文脉,而且令地价和楼价上涨,使大部分原住居民和小本工商业被迫搬迁,昔日富有人情味的传统建筑、街巷、社区荡然无存。同时,这种改造也对文物建筑的保护产生危害。由于漫长的历史发展历程,各种文物都散布在旧城内并与周围的建筑与环境融为一体,形成了各种有意味的"场所"。但在这次大规模改造中,很多值得保护的各个时期的文物建筑被迫拆掉或者迁移,即便有些文物建筑得到留存或重建,但因周围历史环境已不复存在而失去了原有的保护意义。显然,这无疑是对湘潭城市地域性文脉的传承造成无可挽回的损失(图4.46至图4.49)。正如英国建筑学家G.迪克斯所言:"一个充满活力的街区总是既有新建筑又有旧建筑,而如果全是某一时期的建筑,只能说这个街区已经停止了生命。"

图4.46 柏荫路建设拆迁奖励广告

图4.47 湘江风光带建设工程项目部标牌

图4.48　老城区拆迁现场　　　　　　　　图4.49　老县委招待所拆迁现场

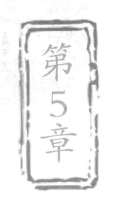

第 5 章

湘潭城市码头文化的现代转型
及在城市建设中老城区空间环境
地域性的保护策略

5.1 湘潭传统码头文化面临的现代转型

湘潭地处湘江流域，传统农耕文明的影响和历经多次的人口大迁徙使湘潭社会结构呈现地域多元化风貌，作为著名的船码头在长期的历史发展中孕育出鲜明的城市地域特征，创造出独具地方特色的码头文化。城市码头文化的概念不同于狭义的码头文化，后者只是指水陆码头区的肩挑背扛、人流嘈杂、来去匆匆所形成的文化风貌和习俗。而湘潭城市码头文化——是在湘江地域经济和开放通达的时代背景中形成的，既是城市空间与建筑的地域性体现，又是社会人文方面的地域性体现，展现出开放、包容等多元文化品格，它是湘潭城市文化的根基，也是湖南区域文化的组成部分，改革开放30多年的实践为其注入了新的文化元素。

在当今全球化、市场化的发展趋势下，首先需要认识到全球化、市场化具有的现代经济高效性和普适性在城市建设方面的积极意义，同时深刻理解传统地域文化在城市整体空间中的特色优势和重要性，认识到全球化与地域化是城市建设过程中长期共存而非对立的发展趋势，也为传统地域文化的自我扬弃和自我革新提供了可能性，才能促进城市建设的健康有序发展，避免快速城市化对传统地域性文化带来的破坏、消退和文化趋同。因此，现代市场经济发展要求构建与之相适应的当代湘潭码头文化体系，以积极的态度保护、复兴和发展历史上已形成的地域性城市空间，传统码头文化正面临向现代转型的时代契机，即反思如何继承和弘扬湘潭码头文化传统的优良品质，剔除其不利于城市发展的劣根性，重构适应以区域产群化发展、集约化增长、旅游休闲为龙头等主要特征的现代市场经济发展的文化码头。

2005年10月湖南省正式公布长株潭城市群区域规划，从城市群发展的途径提出了对长株潭经济一体化的宏伟规划。目的是通过包括资源、市场在内的经济要素一体化促进长株潭（长沙、株洲和湘潭）城市群的经济发展与城市发展，提高以长沙为核心的长株潭城市群的核心竞争力和综合实力，促进长株潭地区社会生活的融合。2007年12月经报请国务院同意，国家发展和改革委员会批准长沙、株洲、湘潭城市群为全国两型（资源节约型和环境友好型）社会建设综合配套改革试验区，长株潭一体化建设进入快速发展阶段。在这特定的历史时期，作为伟人故里、文化名城的湘潭如何发挥自身的传统地域特色来提升城市品质，结合长株潭城市群湘江风光带的建设，打造独具魅力的三市一体化"花园都市区"形象。

湘潭传统码头文化保护与城市文化产业化发展并举是必然的趋势和选择。作为历史上多元文化聚居之所，湘潭自新中国成立以来进行了从社会历史、传统经济、地方方言等方面的研究到建立、发展地方性传统文化方面的研究机构及学术团体，取得了一系列成就。但多数停留在考古和初步发掘的文化保护层面上。在更大范围上更为彻底的保护和经济开发上，湘潭传统文化并没有得到全面、深入的保护和开发。

文化产业是建立在市场经济的条件下，与之相应的传统文化保护也必须以与市场适应的方式来建构。对于传统文化产业包含三方面定义：一是传统文化创作业，指传统文化艺术作品的创作、销售、展示等活动；二是传统文化产品通过报纸、电视媒体、网络等媒介，进行"可重复生产性"和"可复制性"的传统文化宣教活动；三是具有传统文化标记或商标的所有产品，具有全社会范围内产业化的意义。这对今后文化产业的健康发展具有重要意义，在最大程度上保存了文化完整性的同时又与时代的发展紧密联系在一起，融入新的社会生活之中。

5.2　湘潭城市码头文化现代转型及老城区空间环境保护的应对策略

《华盛顿宪章》规定了保护历史城镇与城区的原则、目标和方法，指出历史城镇与城区所要保存的品质包括其历史特色以及表达这种特色的一切物质的和精神的组成部分，特别是由地段划分和街道决定的城市的形式、建筑物与绿地和空地的关系、建筑物的外观、城镇和城区与周边环境的关系等，无论这些文化财产的等级多低，均构成人类的记忆。湘潭城市码头演化为城市生活的文化窗口，通过实实在在的"有形文化"建筑群实体——"三街六巷九码头"，其蕴含着世世代代传承的价值观念、生活方式、组织结构、人际关系、风俗习惯等，承载着整个城市发展的大量信息，具有新陈代谢生生不息的活力元素。湘潭城市码头文化面临着保护与振兴两个过程：传统码头及历史街区的"保护"包含着物质形态和非物质形态两方面的内容。物质形态方面的保护主要是指保护街道空间、建筑体量、立面风格、材料色彩等；非物质形态方面的保护主要是具有湘潭特色的市井文化生活、传统商业氛围、老字号传统精神等；振兴是力求适应城市经济结构的变化，强调动态保护的发展过程，不是局限于某个特定时期的建筑风貌，也不是把它变成历史博物馆，而是要使它重新焕发活力，带着历史的韵味融入现代生活，成为现代社会居民的生活、休闲场所。

5.2.1 湘潭老城区空间环境保护原则

5.2.1.1 "保护与整治"的原则

湘潭老城区空间环境具有值得人们珍存的历史文化和观赏等多方面价值。由于时间的推移而受到一定程度的损害，对它应在保护的前提下进行整治，使它的价值得以更完美的体现。整治是以保护与复原历史文化古城及其所包含的历史地段和历史街区面貌为目的，对建筑、环境及一切相关因素进行整理、修缮与调整，使得老城区空间环境的保存与现代居住生活的调整达到最佳综合的行为与过程。整治的内容可以按照整治的对象或方法进行划分，按照对象可以分为建筑修整和环境整治两个方面，前者包括对古建筑的修缮，新建筑的整理与管理，后者则包括街区防火、道路、绿地、设施等有关街区景观环境的整理与管理的内容，是对街景的整理、美化与再塑造的过程。长沙太平街、成都宽窄巷子、武汉的新天地、上海的田子坊都是保护传统文脉、彰显地域特色、打造当代城市新风尚的成功范例。

图5.1　长沙太平街空间环境的街巷交织

（http://image.baidu.com/i?tn=baiduimage&ct=201322592&lm =-1&cl=2&fr=ala0&word=%B3%A4%C9%B3%CC%AB%C6%BD%BD）

图5.2　成都宽窄巷子①

图5.3　成都宽窄巷子②

图5.4　武汉新天地
（刘蓓提供）

图5.5　上海田子坊
（刘蓓提供）

湘潭老城区空间环境的整治既不同于推倒重来、建"仿古一条街"，也不同于大拆大建大改的整旧变新，而是一种小范围、小规模、小尺度的，以逐步恢复街区历史传统风貌为目的、渐进式的"整旧如旧"。整治包含有保护、改造、更新与创造的内容，但不是三者的合集或交集，它包含了更丰富、更复杂、更有生命力的一种街区保护的方式和行为的内容。

5.2.1.2　"整体保护"的原则

湘潭老城区空间环境的保护，首先要强调"整体保护"的思想。"整体保护"或称"全面保护"，是从城市格局和宏观环境上保护历史城区，从全局的角度研究其空间分布规律和空间整合关系、在历史城区整体中的作用和特色定位，将孤立散存的点状和片状结构变成更具保护意义的网状系统，需要在城市的布局、空间的格局、街巷的肌理、建筑的平面构成、体量、高度、色彩、空间、整体协调等方面加以规范，以继续保障历史城区为"有规划的整体"。因此，湘潭老城区空间环境保护重点不在于某几幢文物建筑物的散点保护，而在于整个城区环境格局的整体保护。其整体性的美具有从宏观到微观相互紧密联系的内在关系，体现在一步一步连续地有机生长，在长期的历史活动中形成，又在不断的发展和更新中走向未来。

5.2.1.3 "积极保护"的原则

《威尼斯宪章》和《内罗毕建议》两者都强调对文物建筑和历史地段，尤其是后者要加强使用。积极保护，是要把历史城镇街区的保护纳入现代社会生活中去。梁思成先生曾说："一面注重文物及历史传统，一面估计社会的发展方向"，要"对文物及社会所发展两方面的顾全"。积极保护体现在三个方面：

1. 保护更新与经济、社会、文化的发展相结合

湘潭老城区空间环境因其历史地位、文化特色而知名，要保持它们的活力，除经济条件外，社会发展、精神文明建设也很重要，它牵涉到道德风尚、环境卫生、社会服务、安全防卫等方面。同时老城区历史形成和发展与社会经济发展息息相关，它的保护要找到与之相适应的经济发展结合点，使之获得新的生命，充分利用自身的旅游文化价值 在旅游经济发展中获得新的生命力。

2. 保护更新与城市规划设计相结合

1962年联合国教科文组织在巴黎召开会议，第一次明确指出，应将保护文物古迹和历史地区纳入城市规划中。许多实践表明，城市规划在研究城市性质、发展方向、总体布局时，如能对历史文化城镇做出宏观环境控制，就可避免在开发建设时产生不必要的矛盾。因此，历史文化城镇的保护首先要从规划着手，按照我国现行城市规划编制序列。首先在编制区域性城镇体系规划中，就要有区域性历史文化环境保护规划，主要是确定需要保护的点、线、面、体。其次是城镇总体规划中要编制中观性的城镇历史文化环境保护规划，具体确定保护的等级层次和空间范围。第三是微观性的历史街区保护设计，要具体提出保护的原则、标准和技术方法，在具体做历史街区保护的规划和设计时，要紧紧地把握住地段的原物、原貌、原址这三条基本原则。

3. 保护更新与利用结合

这是保护历史文化城镇的重要途径。《威尼斯宪章》第十四项中提出要保证用恰当的方式清理和展示历史地区。《内罗毕宪章》在"保护技术的、经济的和社会的措施"部分就指出："在保护和修缮的同时，应采取恢复生命力的行动。""为了使它们能长期存在下去，必须使它们与原有的经济的、社会的、城

市的、区域的和国家的物质和文化环境相适应。""必须制定一项政策来复苏历史建筑群的文化生活，要建设文化活动中心，要使它起到促进社区和周围地区的文化发展的作用。"保护历史文化城镇的最终目的是合理地利用，并使它们与现代化生活相结合，从而达到更好地保护的目的。

5.2.2　湘潭老城区空间环境保护的传承与延续

遵循保护第一的原则。整体上保护老城区历史景观风貌，重点保护文物古迹、传统街巷空间格局、传统建筑风貌以及与传统码头有关的景观视线走廊，针对不同情况分别采取保护、保留、改善、更新等多种方式，协调处理好历史风貌保护、房屋拆迁改造及环境风貌整治三者之间的关系。充分挖掘老城区历史文化内涵，保护和强化其历史风貌特色，积极延续和发展传统民居风貌和街巷格局特色。严格控制建筑体量及高度，改造建筑采用传统院落形式，总体上形成高低错落、富有变化的空间轮廓线。

具体采取分级保护与更新的措施。对于老城区有较高历史文化价值，代表一定时期建筑风格、保存完整、质量较好的清朝民国时期及近现代建筑，应以严格保护为主，依据原有格局和式样加以修缮，加强院落绿化，并延续旧有空间尺度，强调周边环境的协调性；保留改善与历史风貌较为协调、质量尚可的传统建筑，在结构上保持原有结构体系和层面关系，通过移动隔墙，对内部空间重新整合，合理划分为具有完整套型的户型结构；拆除质量较差且无法恢复的传统建筑，以及近年来新建的质量虽好但与传统风貌不协调的建筑，按照现代户型设计进行更新，采用传统低层院落式样，以保持更新建筑与原有风貌相融合。

整体保护整治规划须建立点、线、面、体四个层次的老城区空间环境结构系统，以延续街坊的空间景观。

5.2.2.1　码头节"点"的保护

重塑并严格保护老城区现存的传统码头节"点"及其空间环境，保护码头周边既成的宜人开敞空间，使这些开敞空间与街巷及传统建筑有机配合，再生传统街坊的空间层次。将各"总"传统码头"节点"空间连接成整体，结合湘江风光带滨江景观及水上旅游项目的开发，以提升滨江风光带的文化内涵。

5.2.2.2　街巷"线"型结构的保护

吸收传统老城区空间环境适宜步行的城市结构、复合型用途和复合型住宅式样等地域特点，保护并规划好贯通老城区的城正街及其传统街巷格局，形成步移景异的传统带状空间结构系统。重点保护与文庙、鲁班殿、关圣殿、海会寺等建筑有良好对景的街巷，有意识地留出用地以保持老城区各空间单元之间的联系，以形成连续性的景观视廊。保留一些非常有特色的巷坊，这些街巷狭窄而曲折、变化丰富，使街巷、传统建筑（文物建筑、特色商业建筑、民居等）及湘江传统各总码头之间取得良好视线联系。注意街巷传统的界面围合空间比例，街巷水平宽度与界面高度之比在2:1或3:1以内所限定的空间最为舒服，即控制街巷临街建筑界面的高度。因此在规划中，保护传统街巷的空间格局、风貌特征与尺度为基本前提，尽量不破坏原有的街巷结构，维持原有的道路路面铺砌方式，保持和尊重原有的交通方式与特征。交通组织依据不同情况采用多种方式的出行和车辆停放，方便居民出入的同时考虑现代生活要求。停车全部在街区入口处解决，在无法满足消防通行要求的地段采用小型消防车，扩大给水管径，缩小消防栓间距。设置多个出入口，与邻近街区道路相通，形成统一、流畅的交通网络，既满足实际生活的需要，也使原有街巷空间景观格局保护下来。

5.2.2.3　城区"面"域肌理形态的保护

老城区的街区特色和品位源于大量的传统建筑。现存文物建筑能够按照原样保护和修复外，大量民居建筑已破损乃至濒危。因此，在严格保护传统建筑空间格局前提下，有必要对传统民居建筑的平面布局、空间形态、材料构造、居住品质等进行综合评价与分析论证，探索运用传统工艺与建造手段保留修复历史文化价值比较高的民居建筑，在交通、交往、建筑材料及结构、采光通风、厨卫设施等方面又适应和满足了现代生活要求。适当新建在尺度、色彩造型、院落空间等方面皆传承地域性风格的居住建筑，以延续传统城区建筑空间肌理。不少在"文革"时期或无序开发时期违章建设、见缝插针、破坏了老城区传统风貌的建筑必须采取迁、关、并、拆等综合手段来加以整治，拆掉破坏肌理格局的违章乱建建筑，以提升老城区人们生活质量为前提，改造并重塑老城区建筑的有机肌理，营造良好的传统社区交流氛围。在院落设计中，以小巧的空间形态与小尺度的建筑体量相配合，院内种植草皮、铺花砖、点缀小品以创造江南民居的特色。对过厅、走道和院落进行整治，恢复空间秩序，为住户提供良好的交往空间。

5.2.2.4　传统建筑"体"的空间形态保护

在老城区传统建筑"体"的空间形态保护上，应严格控制建筑高度、建筑体量，保持适宜尺度。街巷临街单体居住建筑利用平面进出和退台，一方面可减小尺度感，另一方面可丰富体形。建筑屋顶以两坡为主，延续传统建筑不同方向的坡顶组合形式，营造丰富的建筑轮廓线，以此体现湘潭古城的民居特色。在材料色彩设计上，运用黑瓦、灰砖墙面、石制勒脚等再现传统民居风貌。细部设计则要简化传统民居装饰符号，点缀窗台、门楣、阳台，采用院墙漏空花窗等手法，使传统民居风貌在创新中得以延续。

无论码头文化还是城市文化，都是中华民族文化的组成部分，城市码头文化是一种体现码头与城市关系的文化，历史文化城镇是城市历史文化传统的载体，反映着城市历史文化传统的延续和发展，是一种重要的文化资源。通过以上措施以期延续湘潭老城区多层次的空间结构体系和提高传统街巷及建筑的环境质量。总体来说，当代城市建设发展应该摒弃现代城市运动中出现的大拆大建的"激进式改造"方式，对老城区应采取更加务实的、分阶段的、小规模的渐进式改造和保护相结合的方式，使之逐步达到与社会发展实际进程相协调，进而逐步扩展到包括传统文化产业类更新转型的更广泛的范围。从国内外实施成功的案例看，老城区改造和保护还必须与政府的政策制定、开发商的理解和合作、社会公众参与等紧密结合在一起，这一点在当今中国尚任重道远，还有一段很长的路要走。

5.2.3　湘潭老城区空间环境保护的几点设想

5.2.3.1　开拓新思路

历史文化名城是一个发展的有机体，故进行必要的建设改造和推进经济发展，是现代城市发展的必然趋势。目前城市中一些传统街区和文物建筑内的物质环境已不适应现代生活居住需要，对文物建筑和一些传统街区进行维持现状的冻结式方法太消极，往往陷入区域现状越来越差的误区。如何摸索一条多渠道引进资金，保护和改造、利用有机结合的路子，是当前政府部门亟待解决的问题，以期借助开发商的经济实力，结合区域改造，按"修旧如旧"的原则对文物古迹进行整修，并加以利用，形成保护和利用的良性关系。

城市的发展是动态的，是在不断发展和动态变化的，环境条件（传统的、经济的、社会的）的一个微小变化，都有可能促进城市朝某一个方向发展。新陈代谢是事物发展的普遍规律，历史建筑也同样在不断地"成长"。城市不是自建成之后就是保持一成不变的，而是以自组织形式、自然而然缓慢更新的，不同历史时期都会在它的建筑细部特征与街区空间特征上留下烙印，显示其历史的积累与变迁。

对于历史地段的改造，可以选择城正街区作为示范性的保护区试点，按名城保护的要求进行改造。对整个保护区进行精心规划设计，建一批与传统氛围相协调的建筑，保护灰墙黛瓦、轻巧淡雅的建筑特色，提高单位面积经济收益率，使改造资金和经济收益得到平衡。同时政府对文物古迹周边地区及历史街区的改造，给予一定的政策优惠，使开发商既可对文物和名城风貌进行保护，又能取得一定的经济效益。

5.2.3.2 促进公众主动参与

目前，我国的"公众参与"大多只是做些民意调查和访谈而已，究其原因，一是长期计划经济体制压抑了个人的需求和创造性，"等、靠、要"的思想由来已久；二是规划、建筑步入正轨没有多久，工作重点还在量上，深度不够。所以要大力、全面宣传公众参与的思想。公众参与在中国的实践才刚刚开始，面临许多新的矛盾。首先需要一套政策来促进公众主动参与规划的实施，如为降低老城区人口密度就需要有优惠的政策鼓励一些市民迁往新区；要用立法的形式来保证规划实施和执行的年限，以防由于情况的改变而导致居民改建后又需拆迁的财产损失（这是居民对自建的最大忧虑）；对提供优惠也无能力进行改善居住条件的居民可以通过房屋买卖鼓励外迁。以防局部的破旧导致整个地区土地价值、居住环境质量的下降。其次，由于较多的房地产开发商往往只热衷于开发个人地块，根本不顾与相邻建筑的协调性，所以不能仅仅满足于地块的招标工作，也应把开发商对该地块如何开发的详细规划纳入招投标工作中去，并就他们形成的方案向市民征求意见。这样，政府部门在实际采纳上述计划以前，市民就得到了一次参与规划制定过程的机会。老城街坊保护与更新工作如何与当前的经济体制相结合，探索新形势下公众参与规划运作的新机制，这对杭州市来说，也是很有现实意义的新课题。

5.2.3.3　保护名城独特的个性

每个城市都有它独特的个性。如在旧城改造中，忽略了该城市的特征，盲目地进行改造，那么历史文化名城宝贵的信息就会荡然无存，名城也就失去了它独有的个性。今天的湘潭，城正街一带作为潭城较为完整的传统街区，由于大规模城市建设导致了古城风貌的日益萎缩，人们已经逐渐认识到，古城风貌的地域性和历史文化的独特价值是任何新建筑无可代替的。城正街和窑湾街区作为湘潭城市的发源地和往日的商业中心，现存的街道坊巷仍承续着明代古城的空间格局，许多著名的事件或构筑物皆有较明确的位置可考，所以在对该街区进行积极、全方位保护的基础上，完善必要的旅游服务设施，形成以湘江为背景，以区内特有的历史建筑、传统店铺和生活习俗为依托，以传统商业、药业文化和传统民居为特色的古城风貌景区，再现清末民初时期湘中典型的建筑风格和风土人情，以及中国早期民族工商业的繁荣景象，这无疑对于保持湘潭古城独有的个性和历史文化内涵有着特别的重要意义。

5.2.3.4　理顺体制并完善法规

为处理好城市建设和古城保护的矛盾，离不开行政部门的支持。目前，湘潭市已将湘潭老城区保护更新纳入湘潭市城市总体规划中，规划把湘潭社会经济战略、城市道路布局、城市设计等统筹兼顾，把文物古迹、历史地段、历史风貌、历史文化等从城市整体发展的角度出发，采取区域整体保护和单体保护相结合的点、线、片的保护方式，有选择地划定历史文化保护区，进行分层、有重点的保护，在空间上组成一个体系，使之保持城市鲜明的特色。

城市的历史和地域文化背景以及因码头变迁形成的历史地段，对于城市空间环境结构的历史延续有着重要的意义，传承与保护老城区空间环境，目的在于凝聚市民情感、培养群体认同、形成想象的共同体，就是通过传统空间环境的形象再生塑造和地域性码头文化的传播，为人们提供一种城市发展空间的想象。这也说明了"在今天，不同国家、地域和民族的文化其'无意识地传承'传统，常常为来自国家和民间的力量，进行着'有意识地创造'，这种创造的过程，正是一种'文化的生产'与'文化的再生产'的过程。这种'生产'的基础，并没有脱离固有的文化传统。同时，这一过程，也从单一的民族文化的领域进入到地域共同体之中"。

结 论

　　基于码头文化保护的湘潭老城区空间环境地域性表达与发展是一项艰巨而复杂的任务，它牵涉到人民生活和生存的方方面面，牵动着当地居民的心路情感体验。保护湘潭老城区空间环境的风貌、空间格局的同时，必须致力于改善其基础生活设施，以适应当地居民对现代生活的要求，否则很难得到公众的理解和支持。老城区空间环境一般都经过长年累月的历史性变迁，它的结构形态往往呈现出一种复杂的现状特征，对它的保护与发展，必须建立在对其历史背景与现状特点深刻理解的基础上。

　　本文分别从历史沿革、影响因素、现状分析及应对策略四个方面对湘潭城市传统码头及其文化渊源与发展进行调研和分析论证，从中分析湘潭城市地域性特征的表现形式。其中码头文化、老城区建筑空间和城市建设是本文论述的重点。

　　首先，将传统码头置于整个湘潭老城区演进发展的大范围内追溯影响湘潭城市地域性形成的因素，得出在地理环境、政治经济、人文特色等因素影响下湘潭码头文化保护的重要性，以此作为城市建设的地域性保护与更新工作的准绳，逐步展开其他各方面的研究。

　　传统城市空间环境是承载湘潭码头文化重要的物化载体，老城区现存历史街区及建筑风貌的保护是湘潭城市建设地域性延续的重要支撑，因此对老城区空间环境内的码头、街道、建筑等进行研究尤为重要。本文从全新的角度引入"点、线、面、体"概念，对老城区传统空间形态组成部分码头节点、街巷骨线、空间肌理、建筑形态等四个方面进行分析研究，较全面地反映了建筑现状，并指出保护与更新的方法和方向，为保护与更新工作的实施提供参考。同时对湘潭城市建设中码头文化继承与老城区空间环境现状进行细致的分析，指出现行实施的老城区保护规划开发项目对湘潭城市建设地域性保护造成不利影响。

　　湘潭老城区空间形态有着丰富多彩的邻里街巷网络，也不乏值得保存和深入研究的地方民俗文化特色，通过提出新形势下传统码头文化发展的现代转型的必然趋势，通过保护、恢复传统商业文化和调整商业结构，小规模、分期对现有商业进行更新和调整，借助近代商业氛围的营造，打造具有近代特色的传统商贸街区。城市建设的地域性保护是个庞大复杂的系统工程，本书旨在通过对老城区空间形态分析，从建筑学的角度寻求传统码头文化的保护和地域特色营造的方法，为保护与振兴老城区做出一点贡献。

参考文献

[1]单霁翔. 城市化发展与文化遗产保护[M]. 天津: 天津大学出版社, 2006: 69–76.

[2]湘潭文史. 嘉庆刊湘潭县志. 湘潭

[3]尹铁凡. 湘潭经济史略[M]. 湖南: 湖南人民出版社, 2003:34–157.

[4]政协湘潭市委员会. 湘潭揽胜[M]. 香港: 新风出版社, 2004:74.

[5]湘潭文史. 光绪刊湘潭县志. 湘潭

[6]刘萍. 近代中国的新式码头[M]. 北京: 人民文学出版社, 2006:15.

[7]湘潭市地方志编纂委员会. 湘潭市志2[M]. 湘潭: 1993:161.

[8]湘潭市城市规划管理办公室. 湘潭市志第五卷（城市规划篇）[M]. 湘潭: 中国文史出版社, 1991:25–26.

[9]湘潭市人民政府. 湖南省湘潭市地名录[M]. 湘潭: 湘潭日报社, 1982.

[10]周磊. 湘潭老城故事[M]. 湖南: 湖南大学出版社, 2008:21–35.

[11]纪立虎. 古人水陆交通与城镇演变（上）[J]. 交通与运输, 2002（1）: 45–46.

[12]谭长富, 康咏秋. 千年湖湘学探源[M]. 哈尔滨: 黑龙江人民出版社, 2004:157.

[13]漫话湘潭编委会. 漫话湘潭[M]. 湖南: 湖南文艺出版社, 2000: 230–235.

[14]康咏秋. 湘潭文化史话[M]. 湖南: 湖南人民出版社, 2003:298.

[15]王日根. 明清民间社会的秩序[M]. 湖南: 岳麓书社, 2003:218.

[16]姜华, 张京样. 从回忆到回归——城市更新中的文化解读与传承城市保护与更新（上）[J]. 城市规划, 2005（5）: 77.

[17]张鸿雁. 中国古代城墙文化特质论——中国古代城市结构的文化研究视角[J]. 南方文物, 1995（4）: 14.

[18]Nahoum Cohen. Urban Conservation [M]. The Mit Press, 1999.

[19]刘艺. 城市节点设计研究[D]. [重庆建筑大学硕士学位论文]. 重庆: 建筑设计及其理论, 1999:20.

[20]孙景浩, 孙德元. 明清以来商业的风水追求与忌讳[J]. 神州民俗, 2007（5）: 40.

[21]Christian L. Krause. Our visual landscape managing the landscape under special consideration of visual aspects[J]. Landscape and Urban Planning, 2001（54）: 239–254.

[22]武廷海. 从聚落形态的演进看中国城市的起源[M]. 北京: 清华大学出版社, 2001.

[23]Derya Oktay. The quest for urban identity in the changing context of the city – Northern Cyprus[J]. Cities, 2002（4）: 261–271.

[24]Macr Antrop. Why landscapes of the past are important for the future[J]. Landscape and Urban Planning, 2005（7）: 21–34.

[25]何歌劲. 湘潭风物揽胜[M]. 湖南: 湖南人民出版社, 2003:46.

[26]周磊. 湘潭历史考述[M]. 湖南: 湖南人民出版社, 2003:186.

[27]张复合. 建筑史论文集:第14辑[M]. 北京: 清华大学出版社, 2001:93–102.

[28]刘岚. 湘潭行业会馆鲁班殿建筑艺术[J]. 中外建筑, 2009（6）: 97–99.

[29]刘岚. 环境、传统、创新——彭德怀纪念馆创作实践[J]. 中外建筑, 2003（2）: 27–29.

[30]刘岚. 建筑设计实践中光元素运用的认识[J]. 中外建筑, 2009（7）: 81–83.

[31]刘岚. 基于湘潭城市码头文化保护的地域性表达[J]. 中外建筑, 2014（1）: 58–61.

[32]李新海. 湘潭市历史街区保护规划研究[D]. [中南大学硕士学位论文]. 长沙: 城市规划与设计, 2008:5,21.

[33][日]芦原义信. 街道的美学[M]. 尹培桐, 译. 天津: 百花文艺出版社, 2006.

[34][英]史蒂文·蒂耶斯德尔, 蒂姆·西恩, [土]塔内尔·厄奇. 城市历史街区的复兴[M]. 张玫英, 董卫, 译. 北京: 中国建筑工业出版社, 2006:54–55.

[35]齐康. 城市形态与城市设计[J]. 城市规划汇刊, 1987（3）: 10–14.

[36][美]J.柯克·欧文. 西方古建古迹保护理念与实践[M]. 秦丽, 译. 北京: 中国

电力出版社, 2005:241-242.

[37][美]迈克尔·索斯沃斯, 伊万·本-约瑟夫. 街道与城镇的形成[M]. 李凌虹, 译. 北京: 中国建筑工业出版社, 2006:99.

[38][美]杰拉尔德·A.波特菲尔德, 肯尼斯·B.霍尔·Jr. 社区规划简明手册[M]. 张晓军, 潘芳, 译. 北京: 中国建筑工业出版社, 2003:17.

[39]A.Bartel. Analysis of landscape pattern: towards a 'top down' indicator for evaluation of land use[J]. Ecologicaling Modeling, 2000（130）: 87-94.

[40]麻国庆. 全球化:文化的生产与文化认同——族群、地方社会与跨国文化圈[J]. 北京大学学报（哲学社会科学版）, 2000（4）: 155.

附录 关于湘潭传统码头文化印象的老城区居民调查问卷

1.您的年龄是（　）？

（1）20岁以下 　（2）20～30岁 　（3）30～40岁

（4）40～50岁 　（5）50岁以上

2.您的职业是（　）？

（1）工人 　（2）学生 　（3）教师 　　（4）医生

（5）公务员 　（6）商人 　（7）私企职员 　（8）其他（23%）

3.您在此居住时间？

（1）10年以下 　（2）10～20年

（3）20～40年 　（4）40年以上

4.您对湘潭老城历史的关注程度是（　）？

（1）关注 　（2）不关注 　（3）一般

5.您的生活与江岸码头的关系密切吗？

（1）密切 　（2）不密切 　（3）一般，偶尔休闲

6.您认为湘潭老城区的历史和码头有关联吗？

（1）有 　（2）没有 　（3）不清楚

7.您认为湘潭老城区的街巷和码头有关联吗？

（1）有 　（2）没有 　（3）不清楚

8.您知道湘潭民间风俗与码头有关联吗？

（1）有 　（2）没有 　（3）不清楚

9.您记忆当中印象深刻的湘潭老码头（　）？

（1）小东门码头 　（2）观湘门码头 　　（3）通济门码头

（4）大埠桥码头　　（5）烂码头　　　　（6）盐码头

（7）十总万寿宫码头（8）十一总关圣殿码头　（9）十二总码头

（10）十三总航运码头（11）十四总码头　　（12）十五总码头

（13）仓门前码头　　（14）十八总大码头　（15）杨梅洲码头

10.你认为湘潭老城区有地域特色吗？

（1）有　（2）没有　（3）一般

　如果回答"有"，能体现湘潭地域特色的是（　）？

（1）总　（2）街巷　（3）民居建筑　（4）文物建筑

（5）地方小吃　　（6）地方风俗　　（7）传统老字号

11.您对您所居住街区的历史熟悉吗？

（1）熟悉　（2）不熟悉　（3）了解一点

12.您认为您所居住街区有保存价值吗？

（1）是　（2）否　（3）一般

13.您住在这里是否有自豪感？

（1）有　（2）没有　（3）一般

14.您有想搬迁出老城区的意愿吗？

（1）想　（2）不想　（3）一般

15.您对湘潭老城区传统建筑的去留有何看法？

（1）应严格保留老城区特色建筑。

（2）按原样重建被拆掉的地域特色建筑。

（3）居民自家修建特色民宅。

（4）全部拆掉新建现代建筑。

16.您对湘潭老城区传统街巷的去留有何看法？

（1）应该全部保留　（2）新建城市交通干道

（3）有选择地保留部分街巷，也要新建部分城市交通干道

17.您对湘潭老城区的去留有何看法？

（1）应该整体保护　（2）建新的、现代化的住宅区

（3）新旧结合保护

18.您对湘潭老城区河西湘江风光带建设的建议是？

（1）开发水上旅游业　（2）建成和河东湘江风光带一样

（3）传统码头和城市历史梳理出来再进行现代更新

19.您对湘潭老城区建筑风格改造的建议是？

（1）传统风格 （2）现代风格 （3）无所谓

20.您觉得应该怎样做才能使湘潭城市历史和地域特色得到延续，使老城区重新焕发活力？

（1）政府投入资金改善环境 （2）居民素质提高

（3）居住人气旺 （4）地域特色吸引更多游客

（5）建筑外观要改观 （6）生活设施及卫生条件改善

（7）增加绿化面积 （8）增加公共活动场地